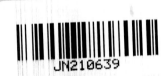

LE PETIT LIVRE DES ANGES
ちいさな手のひら事典
天使

LE PETIT LIVRE DES ANGES

ちいさな手のひら事典
天使

ニコル・マッソン 著

いぶき けい 翻訳

目次

Je voudrais à la
place de clous
et d'une couronne
d'épines pour le Sacré
Cœur, une couronne
formée du cœur de
tous les hommes.
S. François de Sales.
M.H.
3.58

天使、ミステリアスな存在

1837年、フランスのゴデフロイ・エンゲルマンがカラーリトグラフを発明し、宗教画が一般に広まります。今日、単に「クロモ」と呼ばれる多色刷石版画は、カトリック教会ではじめて聖体を拝領する時、信者に贈るミサ典書や図版に使われていました。他にもさまざまなテーマで、ごく初期の百貨店や小売店、メーカーが商品を宣伝する新たな広告媒体として活用されてきました。

本書では、たくさんのクロモカードの中から天使のイラストを挿絵として掲載しながら、天使に関する様々な事柄を紹介していきます。

かつては、人の姿をした輝ける天使がイエス・キリストのライバルになりかねないと、異教の派生を恐れた教会が規制をしたこともありました。しかし、こうした妨害にも関わらず、天使は世界中で愛される存在になっています。

ユダヤ教やキリスト教の文化はもちろん、イスラム教や民間信仰にも天使は登場します。旧約聖書、新約聖書は、天使について触れてはいるものの、むしろすべての宗派から認められているわけではない「外典」と呼ばれる文献に、天使の容姿、行い、使命などが詳しく記されています。特に「エノク書(エチオピア正教会の旧約偽典でエノクはノアの曽祖父にあたる)」や一部の黙示文学など、旧約聖書と新約聖書の間に書かれた書物において深く記述されています。

こうした啓示(秘密の解明、「黙示録」の第1の意味)は、天上の位階についても詳細に説明し、人間は庇護者、神の使い

Heureuse l'âme qui, après avoir été docile aux conseils de son Ange gardien, sera conduite par lui au ciel.

St Louis de Gonzague.

MAISON BOUASSE-LEBEL ... Lecene & Cie 5654 PARIS

である天使を通じて、目に見えないものと心を通わせます。背中に生えた大きな翼で、天と地の間を自由に行き来する天使の存在は、あらゆる宗教の注目の的です。

古代メソポタミアの翼のある神格化された存在に源を発する天使は、その後、ギリシア・ローマの万神殿《パンテオン》の神々の影響を受けました。よく知られているのはガブリエル、ラファエル、ミカエルの三大天使で、一神教では共通しています。また、守護天使たちは、人々と日常生活をともにする、眠りの番人でもあります。主の御使《みつか》い、青い翼のケルビム、神への愛と情熱に燃えるセラフィム等々、天使たちは選ばれた存在で、国や民の庇護者としてそれぞれ特別な任務を担っています。庇護しているのは、旅行者、薬剤師、パン屋、パティシエだけではありません。ラジオやテレビで働く人々も天使にまもられています。超自然的なパワーに魅了された人々は、天使に恐れや希望を託し、おびただしい数の天使の一団は、天の軍勢として悪の勢力(サタンや堕天使、反逆天使)とおおいなる戦いに挑んできたのです。

「熟慮について」

クレルヴォーのベルナール（1090–1153）

「まず天の国に住むものが、権能と栄光と至福の霊であり、ペルソナ的には区別され、品位においては階級のある霊、個々の使命には忠実、本性においては完全、全く天上的で苦しむことも死ぬこともない霊、人間のように体とともに造られたのではなく、最初から今の状態に決められた純霊であることをわたしたちは知っています。それと同時に、かれらの存在が本性によるのではなく、神の恵みによるものであることも知っています。その思いは清純、本性は甘味、聖性には一点のしみもなく、その清さは完全、相互間には何の不和もなく、全《まった》き平和のうちに一つになって神から計画されたとおりの状態にとどまる、これが天使たちの真の姿です。要するにかれらは神への奉仕と賛美のためにその全存在をささげているのです」。

『熟慮について ――教皇福者エウゼニオ三世あての書簡――』（聖ベルナルド著、古川勲訳、中央出版社、1984年）

IHS

天使の起源

「天使(英語でangel)」の語源はラテン語のangelus。ギリシア語では、aggelos(αγγελος)で、「使者」を意味します。

もともとヘブライ語で書かれた聖書に出てくる天使の名前が、ギリシア語になったのは、なぜでしょう?

聖書の最初のギリシア語訳『七十人訳ギリシア語聖書』では、ヘブライ語の「使者」が「神」の意味で訳されています。72人の賢者が、互いに相談することなく、まったく同じように訳したと言われ、長らく旧約聖書の底本と見なされました。

旧約聖書の「使者」は、「預言者」または「祭司」の意味でも用いられ、「天使」の語は、神の意思を人間に告げるため、天から降りてくる任務に由来しています。

比較宗教学によれば、いずれの宗教にも、死すべき運命にある人間と全能の神の中間に位置する霊的存在がいるとのこと。旧約聖書を聖典とする宗教も同様で、天使は、ユダヤ教、キリスト教、イスラム教にも存在します。

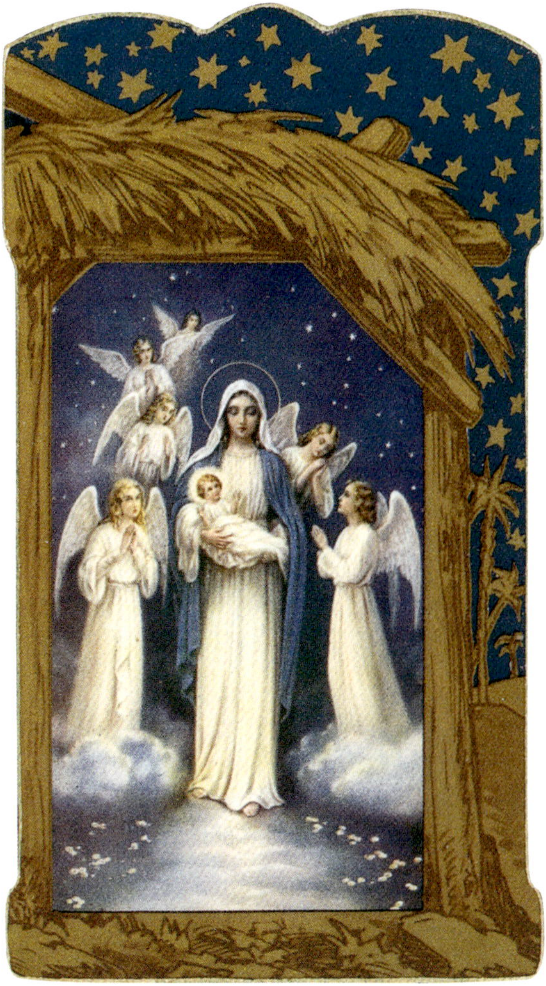

バビロニアの精霊

メソポタミアの首都バビロニアは、チグリス川とユーフラテス川の間、ほぼ現在のイラクの位置にありました。預言者ザルドシュト(ゾロアスター)を開祖とするゾロアスター教が栄えたのもこの地で、ゾロアスター教は、翼のある小さな精霊たちを信仰し、その彫刻がイラクで発見されています。

バビロニアの精霊は、半人半獣の怪物で、翼があり、獅子、牛、雄牛、鷲を彷彿させる姿。旧約聖書に描かれた天使たちは、この精霊によく似ています。Kâribu(カリブ)という名の霊もいて、おそらく「ケルビム」の名の由来でもあるでしょう。

ゾロアスター教は、善悪二元論を特徴とし、ゾロアスター教の対立霊と聖書の堕天使は無関係ではありません。ゾロアスター教とキリスト教は相互に影響を及ぼし合っています。

歴史上、大きな転機が2回ありました。1回目の、ネブカドネツァル2世(紀元前634頃-紀元前562)がエルサレムを征服し、何千ものユダヤ人をバビロニアに連行した時のことは、旧約聖書に書かれています。そして、2回目の転機、土地を追われたユダヤ人が再びエルサレムに戻ってくるのは、約50年後の紀元前539年のこと。ペルシアのキュロス王によるバビロニア攻略まで待たなくてはなりませんでした。

天使の見分け方

天使は天上界を構成する霊的存在で、よく知られているのはセラフィムとケルビム、そして大天使です。旧約聖書には、天使の定義やそのアトリビュート（持ちもの）、名前、位階に関する記述はいっさいありません。天使が文献に登場するのは、もう少しあとのこと。キリスト教においては、多少なりとも異論のある外典などの書物の中です。

聖書の天使は目に見えません。しかし、神の命令で突然、人間の前に姿を現します。顔も体も光輝き、純白の衣をまとった「光の天使」は、まばゆい光の中にしばしば現れ、見る人の目をくらませます。火に取り巻かれていることも多く、炎の上を歩くことも可能。平穏な魂を持つ敬虔な女性は別として、天使の出現は、いずれ死すべき運命にある人間にとっては衝撃です。

一般に、天使は人間の姿をしていて、体が大きく、その点が小天使と異なります。時には馬にのり、鎧を身につけ、大きな剣で武装していることも。

天上で暮らす中間的存在である天使は、空気のように軽く、翼で天と地の間を自由に行き来し、神のメッセージを地上に伝える任務を担っています。翼があるおかげで、天使は即座に天まで舞いあがり、そこから人間を見まもっています。天使は食事を取らず、子孫を残さない、不死の存在です。

天使の翼

聖書の中で、天使は白く輝く光背とともによく現れます。また、翼の色は、ケルビムは天空の紺碧を反映した深い青、燃えるようなセラフィムは、アトリビュートである火と同じ赤で描かれます。通常、画家はこの3色で天使の翼を彩りますが、例外もあり、カラヴァッジョ（1571–1610）は翼の黒い天使を描きました。名作『聖マタイと天使』（1602年）では、天使の広げた翼は背景の闇と溶け合っています。『エジプトへの逃避途上の休息』では、天使は白い衣をまとって見る人に背を向けていますが、翼は鳩か鷲のような暗い色で写実的。挑戦的な作品『愛の勝利』でも、同じような暗色の翼が見られます。

レンブラント（1606–1669）も、こうした暗色の鳥の翼を『イサクの犠牲』で描きました。イサクを神に捧げようとする父アブラハムの腕を天使が取り押さえ、とめている場面です。黒い天使は、悪魔側の堕天使と見なされたため、黒と白の色使いに対する批評家のコメントは、多くの場合、曖昧なものでした。

天使の美しさは、時には健全、時には不吉という両義性にもあります。「ブルー・エンジェル」と言えば、いかがわしいキャバレーの名前の象徴。1930年の同名の映画（邦題『嘆きの天使』）で、踊り子に扮して歌をうたうマレーネ・ディートリッヒが思い出されることでしょう。こうした現実をモデルにしたような姿とは異なり、翼が無数の目で覆われた天使を礼拝用の画像の中で見ることがあります。天使がすべてを見通していることを強調しているのです。

天上の位階

天使の位階（ギリシア語では「聖なる統治」の意）は、以下の9つ（各3層からなる3つの序列、それぞれ上位から下位の順）に分かれています。

神のそばに仕える、上級天使

熾《し》天使（セラフィム、聖なる熾火）、智天使（ケルビム、知識全体の象徴）、座天使（栄光に包まれた神の玉座）。

統治する、中級天使

主天使（優位にあり、神の命令を伝える）、力天使（力の象徴）、能天使（障害を除き、悪魔を遠ざける）。

限定された任務を負う、下級天使

権天使（地方を統治する）、大天使（都市や共同体を統治し、人間に重要事項を伝える）、天使（天使一般で、人間を導く）。

聖書では天使に序列はなく、おびただしい数の集団（天の軍勢、ケルビム、セラフィム、大天使［ミカエル、ラファエル、ガブリエル］）として語られます。天使の位階はキリスト教の他の聖典で紹介されていますが（座天使、主天使、力天使、能天使、権天使、大天使）、序列は行使する力に基づくのではなく、神との関係によって決まります。旧約聖書中のセラフィムとケルビムが位階に追加されたのは、4世紀になってからのことです。

Le Dieu
des Anges
s'est fait
homme
pour que l'homme
se nourrisse
du pain
des Anges.
(St Augustin.)
Blanchard, Orléans.
N° 2097.

第七天の番人

旧約聖書と新約聖書の間に書かれた非公式の文献は、天使たちを大系づけ、任務と活躍の場を明確に割り当てています。文献によって原則が異なるのは、神秘主義者たちが何度も注釈を加え、修正を試みているからで、違いを比較しても意味はないでしょう。確かなのは、神を中心とする天上の位階や組織に対する考え方が、民間信仰、絵画、教父の意見にも大きな影響を与えていること。

全体的に見て、数字や詳細に関する違いはあっても、天上の位階は、7つの同心円で構成される天界での天使の位置を反映しているようです。天上の王国は全部で72、俗界の喜びを離れて人間が赴く第七天には神殿が7つあり、天使が入り口をまもっています。

一見、ささいでたいしたことではないように思われるかもしれませんが、このような詳細が実は神秘的な解釈の根拠にもなっています。魂が天国に迎え入れられるには、天使に案内され、第一天から順に昇っていかなければなりません。各階層の入り口にある7つの門をくぐる時は、庇護の印章を示し、複雑な誦句を唱えます。このようにして天の車、または神の玉座まで昇ってゆく神秘的な過程で、魂を導く重要な役割を果たすのが、大天使のミカエル、ラファエル、ガブリエル、ウリエルです。

F. Sch. N.

小天使、妖精、ケルビム、クピド

天使と聞いて真っ先に思い浮かぶのは、ぽっちゃりした体に笑みを浮かべ、丸々とした頬と愛くるしい巻き毛の小さな子どもの姿。背中には1対の翼が生えていて、矢筒と矢を手に持ち、目隠しをされていることも。これは、宗教上のもとのイメージとはかけ離れていますが、様々な文化的伝統を背景とした、複数の翼のある存在が融合された結果です。

ギリシア・ローマ神話には翼のある神様がたくさん登場し、万神殿に祀られています。エロースまたはクピド(キューピッド、愛の神)、かかとに翼をつけたメルクリウス、そして勝利の女神にも翼があります。すばやく移動し、天まで昇る能力を象徴する翼だけに、俗界と聖界、神話と宗教のイメージが入り混じってしまいました。

妖精、クピド、プットー(ぽっちゃりとした小天使でイタリアの建築物の装飾に見られる)は、神が遣わした使者ではなく、恋人同士の愛の会話を取り持ち、愛や欲望のために被った痛手を癒してくれる存在でしたが、もはや聖性は感じられません。

混同してしまった例として他にも、聖ウァレンティヌス(バレンタイン)が挙げられます。伝承によれば、ウァレンティヌスは聖なる殉教者で、人に恋心を抱かせ、自分の片割れが見つかるように導いてくれるとか。その祝日には、世界中どこでも、恋人たちがプレゼントやカードを交換し、愛の証に小天使やクピドの姿がしばしば見受けられます。いずれにしても、弓と矢が愛や天使と切っても切れない関係にあることに変わりはありません。

Amitié Sincère
Adélaïde
Bonne année.

天使に対する不信

ただ1つの神的存在を認める一神教のキリスト教、イスラム教、ユダヤ教は、多神教につながる恐れがあるとして、天使に対する信仰を常に警戒してきました。

特に教父たちは、神のひとり子として地上に送られたメシア、救世主が果たす役割を重視しました。神の使者である天使は、イエスに仕える下位の存在にすぎず、一般的な信仰の対象として重要な地位は不要だと考えたのです。

天使の地位を正確に規定するには、3回にわたる公会議(325年ニカイア、381年コンスタンティノポリス、451年カルケドン)が必要でした。キリストの受肉の秘儀が論点となり、キリストは神によって地上に遣わされた大天使でも預言者でもなく、まさに人となった神とされました。

天使の性別

今日、フランス語で「天使の性別について議論する」と言えば、「時間の無駄」「無益な議論」を意味します。実際、このテーマは、ビザンティオン(現在のイスタンブール)の神学者や教父によって盛んに取りあげられ、論争にはきりがありません。

果たして、天使には性別があるのでしょうか？　それとも、天使は純粋に霊的な存在で、性別はないのでしょうか？

この問題を解決するために、聖書をひもといてみましょう。

『創世記』の一節には、一部の天使が神を裏切っただけではなく、女性の愛人だったこと、こうしたいきすぎた好色ゆえに天から墜ちたことが書かれています。これらを考えると、やはり天使には性別はあるのだと結論せざるをえません。いずれにしても、堕天使が奔放な欲望の赴くままに行動したことは事実。こうした天使の堕落を示す証拠は、中世以降、しばしば魔女裁判で引用され、ジャンヌ・ダルク裁判でも言及されています。女性の体に忍び込む淫乱なインクブス(男性の夢魔)と、男性を惑わし、挑発するスクブス(女性の夢魔)は、誘惑者である悪魔となった反逆天使の典型です。

天使の性と完全な存在

ユダヤ教神秘主義カバラの世界では、天使は完璧な対をなし、相互に求めあうことで力を得ています。契約の櫃《ひつ》(モーセの十戒が刻まれた石板を納めた箱)にのった2体のケルビムも互いに向き合い、愛で結ばれているようです。

しかし、『マタイによる福音書』には天使は妻をめとることも、夫に嫁ぐこともなく、復活の時には、人間も天使のようになるのだとはっきり書かれています。したがって、性別があっても、それをどう使うかはまた別の問題ということでしょうか。結局のところ、天使は本来、禁欲的で、神に生涯を捧げる人間もそれにならい、禁欲を実践することになっています。

セラフィムには3対の6つの翼がありますが、3番目の対の翼を前に折りたたむようにして足と性器を隠しており、それによって位階にふさわしい、堂々とした不動の風格が備わっています。

こうした完全性への探求には、プラトン(紀元前427-紀元前347)の影響が感じられます。『饗宴』の中で、アリストパネスは、人間はもともと男女一体で完全な存在であったが、神が2つに切断したため、分かれたそれぞれはかつて1つであった片割れを激しく求め、合体によって原初の状態に戻ろうとすると説明しています。天使は、無性の完全な存在の象徴だと言えるでしょう。

主の御使い

主の御使《みつか》いは聖書に何度か登場するものの、詳細は書かれていません。地上に遣わされた他の天使から報告を受け、大天使ミカエルと見なされることもあります。

主の御使いは、神の最も近くで仕え、人間に天命を伝えます。重要なメッセージを伝達することも多く、サムソンの誕生を人々に伝えたのも主の御使いです。

アブラハムの妻サラが夫の子イシュマエルをはらんだ女奴隷のハガルを追放した時、主の御使いが荒れ野に現れ、疲れ果て絶望の淵にいたハガルに息子の将来を預言しました。

また、主の御使いは預言者をまもり、子のないザカリアに息子の誕生を預言し、人間が罰を受けずにすむよう仲立ちをしました。

信仰の証として、ヤハウェがひとり息子であるイサクを犠牲にするようアブラハムに命じた時は、犠牲を捧げる意志だけで十分だと、間一髪のところでアブラハムをとめました。

主の御使いは神よりも人間に近く、聖書の中のいずれのエピソードでも、神から遣わされた使者、案内人、兵士として人間の前に現れます。主の御使いは常にサタンと戦い、イスラエル(ヤコブ)の息子たちを救うのです。福音書では「主の天使」と呼ばれることもあります。

「恩寵の恵み」

シャルル・ボードレール（1821–1867）

快活な天使よ、あなたは知るか苦悩を、
屈辱を、悔恨を、すすり泣きを、倦怠を、
丸めてすてた反古《ほご》のように心を千々《ちぢ》に砕き去る
恐ろしい不眠の夜、なぜともしれぬ恐怖を？
快活な天使よ、あなたは知るか苦悩を？

善良な天使よ、あなたは知るか怨嗟を、
「復讐」の悪魔が地獄の喇叭《らっぱ》を吹きならし、
僕等のすべての力をすっかり手馴づけてしまった時の、
暗闇に握られた拳《こぶし》を、胆汁のように苦い涙を？
善良な天使よ、あなたは知るか怨嗟を？

健康な天使よ、あなたは知るか熱病を、
蒼ざめた施療院の大きな壁に沿って、
僅かばかりの太陽を恋い、唇を動かして、
流民のように足を引き、喘ぎ行く人達を？
健康な天使よ、あなたは知るか熱病を？

美貌の天使よ、あなたは知るか老の皺を、
年老いて行く恐ろしさを、また長い年月
僕たちの飢えた眼がむさぼり見たその瞳に
献身を嫌う密かな色を読む時の忌わしい苦しみを？
美貌の天使よ、あなたは知るか老の皺を？

幸福と悦びと光とに充ちた天使よ、
あなたの魅惑の身体から匂い出る健康を
瀕死のダビデ王ならばどんなにか望んだだろう、
しかし僕はあなたに願う、天使よ、唯あなたの祈りだけを。
幸福と、悦びと、そして光とに充ちた天使よ！

『ボードレール全集 第1巻』（シャルル・ボードレール著、福永武彦訳、人文書院、1963年）

ケルビム

ケルビムの語源はヘブライ語のkeroub（複数形keroubim）。この語自体は、バビロニア語のku(a)ribuに由来し、翼を持つ下位の神を指しました。

東方正教会のケルビムは、神殿や都市、寺院の入り口に立っている半人半獣（獅子または雄牛）の怪物で、顔をその場所を訪れる人の方に向けています。

聖書でも、ケルビムは重要な任務を担い、番人として聖地をまもり続けます。アダムとエバが地上の楽園を追われた時には、輪を描いてまわる炎の剣とともに生命の樹をまもるよう命じられました。また、モーセの十戒が刻まれた石板を納めた、契約の櫃《ひつ》も2体のケルビムが両側から翼で覆い、まもっています。さらには天の戦車、または聖なる玉座を支えてもいます。

注釈者によると、ケルビムはセラフィムとともに天上の位階の中でも上位に位置し、十全なる知識の象徴。愛がなければ信仰は完全でないと唱えた聖パウロに従えば、完全な知識を求めるケルビムと古代の小さな妖精が関連しているのも、もっともなことだと言えるでしょう。

ケルビムの姿

ケルビムの姿は、時代と文献に応じて大きな変化を遂げました。聖書に登場するケルビムは、通常、天空と同じ青色の翼と顔を複数持つ半人半獣の怪物で、伝説の動物グリフォンを思い起こさせます。

『エゼキエル書』には、ケルビムの複数の目は警戒と監視の象徴で、全身、すなわち、背中、両手、翼と、車輪にはその周囲一面に目がつけられていたとあります。そのおかげで、神はすべてを見通すことができるのでしょう。

翼は大抵、空の青で、時には火のように赤い色で描かれることもあります。これは、ケルビムが神への愛に燃えていることを示し、かつてフランスでは、赤くなった人のことを「ケルビムのように赤い」と形容しました。

ルネサンス期になると、ケルビムは、ぽっちゃりとした子どもの顔に、2つの翼を持った生きものに。教会の穹窿《きゅうりゅう》の要には、装飾としてよくケルビムが使われています。

カバラではケルビムは太陽の色、黄色で描かれ、体はエーテルでできているとされます。ケルビムとゆかりの深い宝石はトパーズで、魔力と正義の象徴です。

イスラム教では、アッラーの神を永遠に讃えています。

ケルビムと神の戦車

ケルビムと天空の戦車について詳しいのは『エゼキエル書』です。エゼキエルはバビロニア捕囚期の預言者で、緻密で詳細な預言をイスラエルの民に残しました。

ケルビムは、神の座する戦車の、4つの車輪の傍らにいて、玉座の一部を構成し、霊が意図する方向に進み、移動する時には向きを変えることがありません。動きには神の威厳が備わっています。東方の神々と同様に、キリスト教の神は天使に支えられてすばらしい玉座に座っておられるのです。栄光に輝く神を掲げることは、ケルビムの使命でした。

ケルビムの容姿でさらに驚くべきことは、「四形」、すなわち4つの翼と4つの顔を持っていること。顔は人間、獅子(右)、雄牛(左)、鷲の4つで、この特徴は『ヨハネの黙示録』でも見受けられます。

キリスト教では、旧約聖書の預言の行方を新訳聖書で示そうとする伝統があり、エゼキエルが語った預言についても、「四形」は神の功績を支えた4人の福音史家の象徴だとされています。

神の使者

天使たちは、神の栄光を讃えるために創造されましたが、人間に寄り添う使命も担っています。天使は私たちの親切な友人で、旧約聖書では悲嘆にくれた人を力づけ、慰めました。

バアル信仰を破壊した預言者エリヤが、異教の神バアルを崇拝する王妃イゼベルによる制裁を逃れた時、天使が焼き石で焼いたパン菓子と水の入った瓶を差し出します。これに力を得たエリヤは神の山ホレブに登り、聖なる顕現に立ち会うことができました。

また、天使は人間の日常生活につき添い、諭し、おおいなる謎を解明するとともに、庇護し、仲立ちをします。

ユダヤ教の一派であるエッセネ派(『死海写本』、死海西北岸のクムラン地域の洞窟から発見された写本群の発見によって有名)は、とりわけ天使を重視し、人間は天使によって常に見まもられていると考えました。

さらに、イエス自身もその教えの中で天使について触れ、正確な名こそ明らかにしていませんが、子どもをまもるものは、天界で光輝く神の御顔を常に仰いでおり、守護天使と見なされるとおっしゃっています。

Les Anges
pasteurs de nos âmes,
portent nos messages
à Dieu,
et nous rapportent les siens.

(St Jean de la Croix.)

T.F. ÉDIT. PONTIF.x PARIS. Pl. 143 bis

天使の任務

『ヨハネの黙示録』には、「香炉持ち」と呼ばれる天使が登場し、香は神への大切な捧げもので、天に向かって立ち昇る煙は祈りの象徴とされています。天使は香炉を持つことで、あらゆる人間の願いや祈りを天に届けるのです。また、天使のひとりは、聖なる祈祷を未来永劫、神に捧げています。

天と地の間を自由に行き来し、人間の行いを神に報告するのも天使の役目。文献によっては、大天使ミカエルに報告するのだと言います。いずれにしても、神は天使からの報告に耳を傾け、人間の行いに報いるのです。

また、人間が死の決定的瞬間を迎えると、天使たちは魂を天に連れていきます。そのため、天使は「霊魂を冥界に導く案内人」とも呼ばれ、葬送の場面では、天使の一団または守護天使が、死者の魂を引き取って天に至る道へと導き、昇天の間もそばにつき添っている姿がよく描かれます。この絵のようにして天使は魂を悪魔からまもり、「アブラハムの懐（天国）」までつつがなく送り届けてくれるのです。

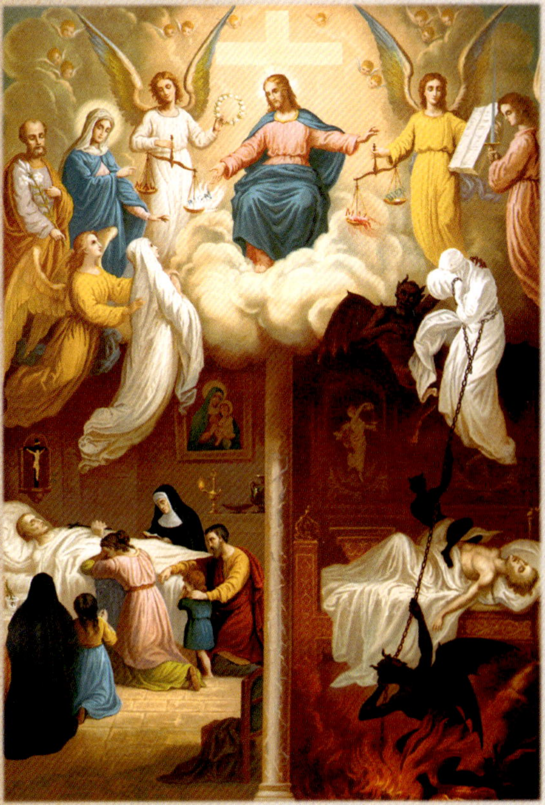

反逆天使の堕落

『創世記』第6章の冒頭、神が洪水によって地上の生きとし生けるものすべてを滅ぼす決心をされて、ノアの箱舟が作られる以前のこと、「ベネイ・エロヒム(神の子)」という被造物がありました。

ベネイ・エロヒムは人間で、アダムとエバの第3子、セトの子孫ではないかと言う注釈者もいれば、神または半神で、まさしく天使だと考える注釈者もいます。

ベネイ・エロヒムが「人の娘たちが美しいのを見て、おのおの選んだものを妻にした」と書かれた謎めいた一節があり、神によって禁じられた姦淫は天使の堕落の源で、ここから「天使の罪」または「天使の狂気」という表現が生まれました。これらの淫乱に憑りつかれた堕天使は、サタンとなって悪魔の軍団を構成しては夜な夜なエロティックな夢に現れ、インクブスは女性を誘惑し、スクブスは男性を魅了するのでした。

天使と人間の結合は、ギリシア・ラテン神話だけではなく、他の宗教でも認められますが、聖書で堕天使が犯した罪は完全にネガティブなもの。根源的に悪は確立された聖なる秩序との断絶であり、天上の被造物と人間とを明確に分けています。

善と悪の戦いは、聖書全体を通じて、繰り返し語られるテーマです。

Déposé

天の軍勢

神は至高の存在で、玉座に腰かけ、天使たちを従えています。旧約聖書の神がヤハウェと呼ばれる一種の「軍神」であることから、天上の描写には戦争のメタファーがあふれ（「天使の軍団」「神の陣営」など）、天使たちはしばしば騎士として、火を掲げています。天使は不死で、『詩篇』ではそのおおいなる力について、たったひとりの天使で敵の軍隊を全滅させることができると記されています。どうやら、天使はいつでも「天使のように愛らしい」というわけではないようです。

天使は神の戦闘員。よって日頃は善と平和のために奉仕をしていても、時には破壊、壊滅させる使命を帯びることがあるのでしょう。

黙示文学では、破壊の天使が神の怒りを実行に移し、敵を殲滅《せんめつ》させています。天使は神の命を受けた悪魔にほかならないとまで言う神学者もいます。新約聖書に唯一組み入れられ、最もよく知られている『ヨハネの黙示録』では、7人の天使がイナゴの大軍を率いるアバドン、またはアポリオンをはじめとする破壊の天使を従えてラッパを吹き鳴らし、最後の審判の時がきたことを告げます。

画家たちは、最後の審判の暴力にあふれた場面にインスピレーションを得て、奔放な想像力に任せて多くの絵画を残しました。世界滅亡に際して、天の軍勢を率いる大天使ミカエルは悪魔が姿を変えた竜と戦い、力によって取り押さえ、千年の間縛っておいたのち、底なしの淵に投げ入れたと言います。

天使の歌

天使の第1の使命は神の功績を永遠に讃えること。『ヨハネの黙示録』でも『イザヤ書』でも、セラフィムが「聖なる、聖なる、聖なる万軍の主。主の栄光は、地をすべて覆う」などと、「聖なる」を3度繰り返して神の御業《みわざ》をうたいます。この歌は「トリスアギオン(三聖唱)」と呼ばれています。

カッパドキアのバシレイオスとエルサレムのキュリロスはいずれも4世紀の人物ですが、同じフレーズを繰り返し唱えるよう信者にすすめました。そうすることで、天の軍勢と結びつくことができると説いたのです。

一方、キリスト教の神学者は、「聖なる」を3回繰り返すことに注目しています。「三位一体」、父と子の精霊の3つの位格《ペルソナ》を担う神の神秘を示しているというわけです。

こうした見解は、451年カルケドン公会議の信条に基づくもので、セラフィムが主を讃える歌は、カトリックのミサや聖金曜日の十字架の礼拝の時だけでなく、プロテスタント、ビザンティン、正教会でもうたわれます。

「エノク書」で主を讃えるのはケルビムのコーラス。2世紀に書かれたこのエチオピアの書物では、天使は特別な位置を占めています。この本は注釈者からよく引用されますが、信憑性が認められないため、聖書正典には含まれていません。書物の中で、メトシェラの父であり聖書の族長であるエノクは、天上の神殿の中で一番聖なる場所まで導かれ、神の栄光を讃えるケルビムの歌を聴きながら神の玉座に近づいていきます。

QUE MA VOIX,
AVEC CELLE DES ANGES,
MONTE VERS VOUS, SEIGNEUR,
POUR VOUS LOUER, POUR
VOUS BÉNIR.

P. de Pontlevoy

1035. BOUASSE JEUNE, PARIS

守護天使

外典によれば、人間は両肩に天使をのせていて、ひとりが告発し、もうひとりが弁護すると言います。こうして神は一種の「口頭弁論」に耳を傾け、罪人の運命を決するのです。

ユダヤ教でもイスラム教でも、人間には試練にかける悪と、無垢を貫く善からなるふたりの天使がついていると考えられています。神学者オリゲネス(184/5-253/4)は、人間の魂の中では善と悪の両天使が戦っていると唱えました。

守護天使は、信者が徳行を積んで救済を得られるよう助けます。人間が寝ている間も見まもり、代わって神のもとに行き、朝になると起こし、怠け心を起こさないよう支えるのです。

守護天使の原型は、古代ギリシア・ローマ時代に遡り、プラトンの初期対話集『ソクラテスの弁明』では、ソクラテスが自分の守護霊ダイモーン(δαιμον)について語っています。プラトンの哲学は、数世紀にわたって盛んに論じられ、アリストテレスの哲学とともに教父にも影響を及ぼしました。12世紀には、クレルヴォーのベルナールが、天使に仲介者と良心の指導者としての役割を託しています。

中世になって個人主義が広がると、重要な使命が天使に加わります。天使は人を見まもり、悪魔を遠ざけ、神の前で証言し、魂を冥界に導くもうひとりの自分になりました。使徒トマスによれば、守護天使は洗礼を通じてその人をまもる力を獲得し、新しく誕生したキリスト教徒に生涯つき添うのだとか。

守護天使の祝日は、当初、聖ミカエルとともに祝われていましたが、1608年以降、10月2日になりました。

Boumard Fils, Paris - France 18444

天使のパン

天使はものを食べませんが、神が贈りたもうた中で最も美味で、元気を与える食べものが天使のパンです。エジプトを脱出して荒れ野に逃れた時、神は選ばれし民のために必要に応じて「天からパンを降らせる」とモーセに約束します。その約束は、40年間まもられました。この奇蹟のパンが「天からのマナ」。『詩篇』や「知恵の書」では、「天使のパン」「力ある方のパン」とも呼ばれています。ハチミツの味がしますが、食する人の好みによっておいしく感じられるように味が変わるのだそうです。

イエスは御言葉《みことば》の中で、人々を飢餓から救った旧約聖書のマナを、永遠に生きる命のパン(イエス)と比較しています。このように考えると、最後の晩餐に出てくるパン、犠牲となったキリストの体、ミサで出されるホスチアが何を象徴しているのかがよくわかるでしょう。

Je vous apporte le pain des Anges
qui vous donnera la vie éternelle.

N. 10028

DEPOSÉ

お告げの祈り

「かつて、畑で働いている時、鐘の音が聴こえると、いつも祖母は仕事を中断して、気の毒な死者たちのために祈りの言葉を唱えさせました。『晩鐘』はそのことを思い出しながら描いたものです」とミレー(1814-1875)は語っています。

ここでの「祈りの言葉」はお告げの祈り(アンジェラス)を指し、処女マリアと受胎告知を讃える祈りです。その名は、ラテン語による祈りの冒頭“Angelus Domini nuntiavit Mariæ(主の御使《みつか》いの告げありければ)”に由来します。最初は夜だけでしたが、16世紀以降、6時、12時、18時の1日に3回、キリストの受肉の神秘を讃えて唱えるようになりました(朝は復活、昼は受難、夜は受胎告知)。それぞれのお祈りの時間には、「アヴェ、マリア、恵みに満ちた方」からはじまり、キリストの受肉の啓示となるメッセージを天使から受け取られた神を讃えておわります。

また、鐘を鳴らして時間を知らせます(特に夜)。対句のはじめに3回短く鳴らすと、信者はおのおのアヴェ・マリアを唱えるのです。

お告げの祈りは、聖フランチェスコが広めたとも言われています。東方を旅した時、イスラム教徒の礼拝を見て、同じように実践することを思いついたのだとか。今日、この習慣は失われつつあります。

トマス・アクィナス
「天使の博士」

同時代の人や信者が、聖人たちに呼び名をつけて崇拝することがよくあります。聖トマス・アクィナス(1225頃-1274)があてはまりますが、最初のニックネームは、当人にとってあまりありがたいものではありませんでした。ドミニコ会修道士たちは、彼のことを「おとなしい牛」と呼んだのです。このイタリア人修道士は堂々とした頑丈な体に、どちらかと言うと寡黙な性格で、研究に没頭するのが常でした。ナポリでもローマでもケルンでもパリでも、キリスト教の教義とアリストテレスの哲学について学び、大著『神学大全』を執筆し、カトリックの大学や学校の守護聖人にもなっています。

この他、「天使の博士」という呼び方もあります。自著の中で、「聖霊」すなわち天使を重視したからです。天使と神または人間との関係、天使の本性、堕天使に関する考察は膨大で、トマス・アクィナスの神学的展望の中で、天使がいかに特別な位置を占めていたかがよくわかります。

遺体はトゥールーズのジャコバン修道院に安置され、1323年に列聖されました。

S. Thomas Aquinas.

B.K. S. 27. Cum approb. eccl.

イエスの僕

マタイ、マルコ、ルカ、ヨハネによる4つの福音書で、天使は僕《しもべ》として、イエスに仕える使命を与えられています。キリストの神性を示すかのように、受胎告知、降誕、荒れ野での隠遁生活、受難のはじまり、復活など、キリストの生涯における重要な瞬間にはいつも天使が立ち合い、天に昇る時も活躍し、使徒や最初のキリスト教徒たちの庇護もします。また、主の御使《みつか》いは、囚われの身となった使徒やペトロを何度も救いました。

福音書は、聖なる職務や使命を遂行する以前に、洗礼を受けたイエスが荒れ野で試練に遭うさまを描いています。断食をしているイエスのところへ悪魔がきて、誘惑を試みたのです。悪魔はイエスをエルサレムに連れて行き、神殿の屋根の端に立たせると、けがをしないように天使たちが手であなたを支えると言われているのだから、神の子なら、飛び降りたらどうだと問いかけたのでした。しかし、イエスはだまされません。屋根から飛び降りることを拒み、むやみに主を試してはならないと非難します。誘惑者である悪魔が去ると、天使たちがきてイエスに仕えました。

福音書は別のエピソードも紹介しています。磔《はりつけ》に処される前日、イエスがオリーブ山で祈っていると、兵士が逮捕しにやってきます。ペトロは剣を抜いてイエスをまもろうとしますが、イエスは剣を鞘に収めるように諭しました。この場面で、イエスは「お願いすれば、父は12軍団以上の天使を今すぐ送ってくださるであろう」と言っています。

セラフィム

ケルビムと同じく、セラフィムは翼を持った東方の精霊の子孫で、グリフォンやスフィンクスに似ています。

セラフィムの名は「熱い」または「燃える」を意味し、「熾《し》天使(熾は燃えるの意)」と呼ばれることも。ただし、熱いのは神への愛と情熱のためだけでなく、激しい怒りやお浄めの火でもあり、赤い色や炎とともに描かれます。

図像でよく見られるのは立ち姿で、空を飛ぶ、裸の体を隠す、神の御顔を直接目にしないという3点のために、3対の翼を備えています。蛇や竜の姿をしていたり、両手に蛇を1匹ずつ持っていたりすることもあります。

ケルビムが天上の車を支えているのに対して、セラフィムは上の方に控え、翼を広げて神をまもります。主な使命は、神の功績を永遠にうたい続けること。

聖書中、セラフィムが最も活躍するのが『イザヤ書』です。イザヤはイサイヤとも呼ばれ、エレミヤ、エゼキエル、ダニエルとともに、聖書に登場する四大預言者のひとり。この書の中で、イザヤの使命は驚くべき方法で啓示されます。イザヤは、天にある御座《みざ》に主が座し、その上の方でセラフィムが神の功績を永遠に讃えながら飛び交い、セラフィムの声で神殿の入り口にある敷居が揺れ、祭壇に炎があがって、あたり一面が煙で満たされているのを目にしました。イザヤは恐れおののき、「災いだ!」と叫びます。イスラエルの民の堕落を非難してきた自分の唇も、他の罪人と同じように嘘と冒涜で汚れているため、主の御顔を仰ぎ見ることが許されないと思ったのです。すると、セラフィムが飛んできて、祭壇にあった炭火を火箸で取ると、イザヤの口に触れさせて浄め、「あなたの咎《とが》は取り去られ、罪は赦された」と告げます。こうして、イザヤは預言者となりました。

「預言者イザヤの殉教と昇天」は2世紀に書かれた初期キリスト教の書物ですが、カトリック教会の大半からは聖典として認められていません。この本の中でイザヤは、木鋸で両断されるという責め苦を受けたのちに、天使の導きで第七天に昇り、神の傍らにイエス・キリストが立っているのを目にします。イザヤはキリストの降臨などを預言したことから、他の聖人たちと同様に祝福を受けました。

アッシジの聖フランチェスコ
「熾天使の父」

フランチェスコは、1181年(または1182年)、アッシジで生まれ、貧者とハンセン病患者の聖人として知られています。

フランチェスコは、天地創造の物語に感銘を受け、動物に話しかけ、平和と慈善を説いて各地をまわりました。清貧の生活を送る中、荒廃した教会の修復にあたり、晩年は祈りに捧げた孤独な日々を送ります。聖人の中でも人気があり、フランチェスコが創設した小さき兄弟会は、1215年の第4ラテラノ公会議で口約によって承認され、1223年、正式に認可されます。

フランチェスコが、アルヴェルナ山にある小さき兄弟会の修道院に隠遁し、祈りと断食の日々を過ごしていると、1224年9月14日の十字架称賛の日、セラフィムが訪れます。炎のごとく燃える6つの翼で空中に佇む天使の顔に、フランチェスコは十字架にかけられたイエスの御顔を認め、「あなた自身が感じられたものと同じ受難の苦しみ、そして際限なく燃えあがる愛を、どうか私の魂と体にも感じさせてください」と祈ると、この願いは叶えられ、フランチェスコは両の手足とわき腹に聖痕を授かりました。これは、殉教したキリストと同じ磔刑《たっけい》の跡を体に受けたことを意味します。

フランチェスコは1226年に亡くなり、1228年、グレゴリウス9世(1170頃-1241)によって列聖され、教皇から「熾《し》天使の父」の称号が与えられました。

中世の天使

当初、キリスト教の絵に描かれる天使はもっぱら白い衣を着た若者でした。その後、翼のある異教の精霊と区別するため、画家は宮廷人が着るような豪奢な服をまとわせるようになります。787年のニカイア公会議によって聖画像が復活し、光り輝く純白の衣に包まれた天使の姿が公認されると、画家たちはこぞって天使を擬人化するように。とりわけ、数に応じて天使の位階を示す翼は重視されました。

12世紀以降、カンタベリーのアンセルムス(1033-1109)とビンゲンのヒルデガルト(1098-1179)によって、天使をめぐる考察が活発になります。ドイツのベネディクト会修道女ヒルデガルトは、神秘主義者の立場で、人間と同じ姿、整った顔、強烈な光、光背、翼、火のように燃える目をした天使を克明に絵に描きました。以来、修道院に入ることは、俗界を離れ、すべてを捧げ、神の功績を讃える天使と同じ生活を送ることを意味し、天使は独房を訪れ、誘惑に負けないよう修道士を力づける存在になります。

天使の姿は、教会の正門などによく描かれる、『最後の審判』を前に魂を計量する聖ミカエルなどがおなじみです。他方、彫刻家は、人間のように涙を流し、微笑む人間的な天使の姿をのみで彫りました。フランスのランスでもアラスでも、彫刻の天使は謎めいた微笑を浮かべています。

VERA EFFIGIE DELLA BEATA VERGINE
che si venera nella Chiesa delle Grazie
sul Colle di Covignano presso Rimini.

「天使の演奏会」

エミール・ネリガン（1879−1941）

ノスタルジックな憂鬱と不思議な夢に満たされて、
ある夜、僕は愛する聖女のもとをあとにした。
天上の祝祭の日、蒼穹《そうきゅう》のホールで
開かれていたのは天使たちの演奏会。

誰にも咎《とが》められることなく自由に音楽を愉しもうと、
房のついた長衣を着て、僕はきた。
その夜、僕は愛する聖女のもとをあとにした、
ノスタルジックな憂鬱と不思議な夢に満たされて。

オレンジ色の光の中をしずしず歩くご婦人方、
パリッとしたお仕着せを着た天上の従僕たち、
聖チェチリアは僕の願いを叶えてくれた、
天使とともに僕は聴きいった。

聖チェチリアが、天上で奏でる不思議な調べに……。

«Je suis le Pain de vie,
Je suis le Pain vivant,
qui est descendu du Ciel.»

(St Jean, chap. VI.)

BOUMARD & FILS N° 5122 ÉDITRS PONTAUX PARIS.

七大天使

大天使たちは天上の位階の中でも別格で、正確な名前がわかっているのはこの天使たちだけ。

とはいえ、七大天使は位階の最上位を占めているわけではなく、最下位から2番目にすぎません。大天使は人間と関わりが深いため、ひとりずつ名前で呼ばれているのです。

神学者によれば、大天使は7人で、聖なる数に対応しています。しかし宗派によって、認められている大天使には違いが見られます。

ミカエル、ラファエル、ガブリエルの三大天使については、異論の余地がありません。4番目はウリエルですが、ローマ教会からは認められていません。745年のローマ教会会議で、大天使は最初の3人に限定されたため、ウリエルを除くあとの3人は、引用する文献によって異なります。「エノク書」ではラグエル、ゼラキエル、レミエルですが、多いのはバラキエル、イェフディエル、セラフィエル。パレルモの聖天使教会のフレスコ画には、描かれている天使の名前が明記されています。

七大天使の主な任務は、悪魔と戦うこと、人間のところへ行って重大な啓示を告げたり、特別な手助けをしたりすること。

イスラム教では、アッラーの玉座を支えています。

S. RAFFAELE ARCANGELO

大天使、聖ミカエル

ミカエルの名には、「神に似ているものは誰か」という意味があるとか。ミカエル（ミハイル）は天上界の偉大なプリンスで、聖書、特に『ダニエル書』では、最も背が高く、イスラエルの守護者で、主の御使《みつか》いもミカエルではないかと言われています。黙示文学の1つでは、ミカエルがアブラハムにきたるべき死を告げます。

ミカエルは、いわば天使のチャンピオン。天の軍勢を率い、平和の天使として選ばれた民をまもり、闇の天使である悪魔に立ち向かう光のプリンスです。『ヨハネの黙示録』でも、天使の軍を率いて、大きな竜、古代の蛇、悪魔に挑みます。戦いに勝利を収めたミカエルは、千年の間、悪魔を縛り、底なしの淵に投げ入れました。

ミカエルには、また別の一面があります。人間の死に際して見られるように、情け深くて辛抱強いのです。教父の多くは、亡くなった人の魂を秤にかけ、その人の行いを神に報告する役割をこの天使にゆだねました。そのため、魂を天秤にかけている聖ミカエルを描いた絵をよく見かけます（いわゆる「魂の計量」）。聖人と処女は計量を免れ、魂は天使の歌声に送られて即座に天に向かうのだとか。昇天する魂に同行するのは、多くの場合、聖ミカエルです。

QUIS UT DEUS
S. Michele arcangelo

聖ミカエルの奇蹟

聖ミカエルの祝日は年に2回。それぞれミカエルの奇蹟を記念しています。

9月29日は三大天使の祝日。493年のこの日、イタリア・プーリア地方にあるガルガーノ山に、聖ミカエルが現れたと伝えられています。それは、ゲラシウス教皇1世（?-496）の時代のこと。シポントの町にガルガーノという裕福な男が、家畜の群れを自分と同じ名の山で育てていると、ある日、雄牛が1頭逃げてしまいました。追いかけて洞窟の入り口にいるところを見つけ、矢を放つと、矢が跳ね返ってきてカルガーノはけがを負ってしまいます。話を聞いた司教が3日間の断食と祈りを命じると、3日目に聖ミカエルが現れたのです。洞窟は聖ミカエルの保護下にあるため、司教は聖堂を建てて天使を祀るように言われ、すぐに聖堂の建立を命じました。

5月8日の祝日は、590年、グレゴリウス1世（540-604）のもとに大天使ミカエルが現れたことに由来しています。当時、ローマは古代ゲルマン民族ランゴバルド人の脅威にさらされ、その上、テベレ川の氾濫で壊滅的な打撃を受け、ペストが蔓延していました。教皇は、疫病流行の終焉を祈願して行列を組織します。連祷《とう》を唱える信者の列が、ハドリアヌス帝の霊廟の前を通りかかった時、屋根の上に聖ミカエルが現れ、血のついた剣を抜き、再び鞘に収めます。大天使ミカエルの出現によりペストは終焉し、これを祝って礼拝堂が建てられ、頂にはミカエルの像が設置されました。以来、聖天使城《サンタンジェロ》と呼ばれるようになった城塞は、教皇庁のすぐ近くにあります。

モン・サン・ミシェル

現在、モン・サン・ミシェル(フランス西海岸サン・マロ湾上に浮かぶ小島、世界遺産。ミシェルはミカエルのこと)がある場所は、もともとケルト人のベレヌス信仰と、ローマ人のユーピテル(ジュピター)信仰の聖地でした。709年、聖ミカエルがアヴランシュの敬虔な司教オベールのもとに現れ、墓《トンブ》と呼ばれていた山の頂にイタリアのガルガーノ山と同様の礼拝堂を建てるよう命じます。司教がこのお告げに従い、建てた礼拝堂が、今日のモン・サン・ミシェル修道院です。以来、カトリックの聖地として、訪れる巡礼者は絶えません。

聖ミカエルはフランスの守護者でもあり、その祭日は国民の祝日。ヒルデベルト、カール1世(742-814)をはじめ、ウイリアム1世(1027頃-1087)、ルイ9世(1214/15-1270)、フィリップ4世(1268-1314)など、ほぼすべてのフランス国王がモン・サン・ミシェルを訪れ、黙祷を捧げています。

特にルイ11世(1423-1483)の信仰は厚く、3回も祈祷に訪れ、1469年にはサン・ミシェル勲章を制定しました。もともとフランスには、竜を倒す大天使のメダルがついた金の首飾りを国王が36人の騎士に贈る伝統があり、ルイ14世(1638-1715)の時代以降、とりわけ作家、芸術家、司法官に授与するように。騎士章の受賞者は、黒い組紐と七宝を施した金の十字架を身につけます。この勲章は1791年に廃止され、1816年に復活しますが、1830年の七月革命後、再び廃止されました。

聖ミカエルへの信仰

コンスタンティヌス1世(273頃-337)以来、聖ミカエルはキリスト教徒と皇帝軍の守護天使。カール1世(742-814)は、9月29日の聖ミカエルの祝日を帝国全土に拡大しました。

聖ミカエルは神の戦力として、暴虐に対する抵抗を象徴しています。ジャンヌ・ダルクに助言を与え、ともにイギリスと戦ったと伝えられているのもそのためです。1545年、トリエント公会議で、異教であるプロテスタントから信仰をまもる戦士という新たな役割が、聖ミカエルに賦与されます。その後、フランスの騎士章の最高位としてサン・ミシェル章が創設されました。

イスラム教ではミーカーイールと呼ばれ、雨と風、植物と収穫を司っています。

第二次世界大戦中、聖ミカエルは空輸部隊と落下傘兵の守護聖人でした。また、パン屋、パティシエ、樽職人、剣術家の守護聖人としても崇められています。

聖ラファエル

外典「トビト書」で活躍するラファエルの名は、「神は癒す」ことを意味します。

アッシリア帝国の首都ニネヴェで捕囚となった老トビトは、事故で盲目になり、貧困と病の中、息子トビアを用務のためにエクバタナの町に遣わします。安全のため、トビアはひとりの男を旅に同伴しますが、道中、チグリス川に入ろうとした時、突然、大きな魚が現れると、男はトビアに、魚を捕えて、心臓、肝臓、胆汁を取っておくように言いました。町に着いたトビアは、7人のいいなづけを悪魔アスモダイに殺された、サラという名のユダヤ人の娘と出会い、結婚します。サラのために復讐を誓ったトビアは、魚の心臓と肝臓を燃やして悪魔を弱らせ、捕えます。そして妻を連れて故郷に帰ったトビアが、今度は胆汁でつくった軟膏を父親の目に塗ると、視力が戻って見えるように。この時はじめて、旅に同行した男が、自らを天使ラファエルだと名のるのです。

このエピソードから、ラファエルは、助言を必要とする人や旅人を助けると考えられるようになりました。地上、海上、空中を問わず、旅する人を保護し、都市や地方の護衛、特別な任務も任されます。軍の諜報部員の守護聖人になったのも、おそらくまもることがラファエルの使命だからでしょう。

また、民間信仰では、薬剤師の守護聖人でもあります。12世紀に遡る聖ラファエルの典礼祝日は、10月24日と9月29日。このうち9月29日は、ミカエル、ガブリエルと一緒に祝います。

大天使、ガブリエル

ガブリエルの名は「神の力」または「神はわが力」を意味します。神の右腕として、屈強な若者の姿をしたこの天使の祝日は3月24日。その他、9月29日にも、ミカエル、ラファエルと一緒に祝います。

ガブリエルは良き知らせを伝える神の使いで、聖書ではダニエルの見解を解釈し、キリストの到来を告げます。洗礼者ヨハネとイエスの誕生を知らせるのがガブリエルなのも、不思議ではありません。

イスラム教ではジブリールの名で、天使の中でも預言者に啓示を伝える最も重要な位置を占めています。聖霊と呼ばれることもあります。

使者であることから、民間信仰では、大使、郵便局員、ラジオやテレビで働いている人、軍で通信に従事する人の守護聖人になりました。

その他の大天使

三大天使以外あまり知られていませんが、信憑性には異論のあるエチオピア語版「エノク書」に、他の大天使に関する詳細が記されています。おおまかな特徴は次のとおり。

ウリエル

「神の炎または光」の意。天体の案内人かつ地獄の炎の達人で、天上のすべての発光体を見まもっています。バビロニアの影響が認められ、実際、メソポタミアの楔《くさび》形文字で、神または精霊を指す文字は星の形。ローマ教会は、存在ばかりか、この大天使に対する信仰を認めていません。しかし、東方正教会には、三大天使を従えた万物の支配者《パントクラトール》(イエス・キリスト)とともに全能の神をまもっているという記述があります。

バラキエル

「神の祝福」の意。怠け心、無関心、軟弱な信仰をたしなめ、神の意思に耳を傾け、熱心に従うよう人を促します。用心を怠らず、魂を信仰に捧げ、祭司に救いを求め、信仰の拡大に勤しみます。コートの裾には、白いバラが描かれています。

イェフディエル

「神への称賛」の意。妬みや嫉妬と戦います。悪魔祓いの時、嫉妬深い精霊を追い払うため、イェフディエルの名を唱えることも。神意を受け入れ、隣人の好意と愛を呼びさまします。右手には王冠を持ち、神に忠実である人に報い、左手には3本の皮ひもをより合わせたむちを持ち、厳罰を与えます。

セラフィエル

「神への祈り」の意。放蕩や酒の飲みすぎと戦い、節制を心がけ、悪徳に負けないよう助けてくれます。また、神の恵みを授け、人類が悔い改めるように導きます。神の喜びを象徴する花の入った籠を右手に持っていることもありますが、そうでなければ、手を組み合わせて祈っています。

「異端」と天使

キリスト教は、その歴史の中で、異端と呼ばれる異質な宗教を信仰する一部のマイノリティを、しばしば排除してきました。その例が、12世紀の後半、南フランスで大きな影響力をふるっていたカタリ派とアルビ派でしょう。

カタリ派では、神と悪魔が同等の力を持ち、善と光である神がもっぱら霊界に関わっているのに対して、悪と闇である悪魔はあらゆる種類の物質を創造すると考えられています。人間は悪魔によって創られましたが、光の天使が無理やり肉体に閉じ込めてしまいます。キリストは天使であるため、生きることも苦しむこともなく、復活も当然ありえません。最後の審判はすでにおりたあとで、この世界は地獄なのです。

アルビ派の教義はいくらか異なり、万物を構成する要素と天使を創造した唯一神を信仰しています。悪魔は旧約聖書の神に相当し、人間は肉体(悪魔によって創造された物質)に閉じ込められた堕天使。自由意志がルシフェルの堕落の源で、他の天使はこの堕天使によって誘惑されるのです。

こうした「異端」に対し、1215年の第4ラテラノ公会議では、この世に存在するすべては、目に見えるものも見えないものも、唯一無比の創造者である神によって創られたという立場で、天使と悪魔に関する教義を定めます。天使は神が創造した存在の1つで、人間は肉体も含めて神の被造物とされました。

SALVIAMO UN'ANIMA!

DÉPOSÉ

シティ・オブ・エンジェル

アメリカのロサンゼルスの住民が、天使を彷彿させる“angeleno（またはangelino、どちらもアンジェリーノ）”と呼ばれ、天使の加護下におかれていることは確かですが、「シティ・オブ・エンジェル」という街の名にはいくらか皮肉を感じざるをえません。もともとは、“Pueblo de Nuestra Señora la Reina de los Ángeles del Río de Porciúncula（ポルツィウンコラ川の天使たちの女王、聖母マリアの共同体）”でした。いったいどこから、こんな名前がついたのでしょうか？

1769年8月2日水曜日、フランシスコ会修道士フアン・クレスピが“Pueblo（プエブロ）”への定植を決定します。それは、フランシスコ会の暦で、ポルツィウンコラ教会の天使のマリア様の祝日でした。1212年、アッシジのフランチェスコはベネディクト修道会の「わずかな土地の１区画」にあった荒れ果てた礼拝堂を借り受け、自ら再建します。

ポルツィウンコラ教会で、聖フランチェスコが晩年を過ごして亡くなると、多くの人が礼拝堂を巡礼に訪れるようになりました。祭壇の後ろに描かれた、天使に囲まれる聖処女マリアのフレスコ画が、前述の街の名前の起源だと言われています。

このささやかな土地に、メキシコから入植にきてもらうのは容易なことではありませんでした。12年後にようやく、聖ガブリエル使節団のために各11人の男女、22人の子どもが集まり、1781年9月4日、兵士、現地人、宣教師と集落をつくって住みはじめます。町の誕生を祝して、今ではこの日が天使たちのマリア様の祝日になっています。

天使が通る

フランスでは、会話がふと途絶えて誰もが黙ったままでいる時、気づまりな沈黙を埋めようとして「天使が通る」と言います。この言いまわしはどこからきたのでしょうか？

これには、複数の説があり、意地の悪い人は、寄宿制の女学校でおしゃべり好きな生徒たちを黙らせるには、天使でも通らない限り無理だと考えられたからだと言います。ごく単純には、突然の沈黙で生じた緊張をいくぶん和らげるのに天使が呼ばれたという説があり、有力なのは、商売と雄弁の神ヘルメス（ローマ神話ではメルクリウス）に関するギリシア・ラテン語の言いまわしをキリスト教風に改変したのだという説です。

古代の宗教では、ヘルメスの前ではみなが黙っていることになっていて、「ヘルメスが通る」という表現は、ギリシアの作家プルタルコスの著作でも見られます。ヘルメスは神の使いとして、かかとについた翼で任務を遂行するため、キリスト教では代わりに天使が借り出されたとしても不思議ではありません。同様のイメージは、スペイン語、英語、ハンガリー語、ドイツ語など、多くの言語で見られます。

SERIE 1071

天使ミサ

グレゴリオ聖歌は、複数の伝統の流れをくむ神聖な歌。東方教会でも西方教会でも、初期のキリスト教の共同体では、典礼聖歌を自由に作曲できたため、4世紀から6世紀にかけて、ローマ聖歌以外にも、ガリアなど各地で固有の歌が生まれ、発展しました。

8世紀になると、メスで2つの流派が1つに融合します。そこから『メスの聖歌(Cantilena metensis)』が誕生し、9世紀にはグレゴリオ聖歌と呼ばれるようになりました。

伝承では教皇グレゴリウス1世の作だとも言われますが、フランク王国のピピン3世(715頃-768)と、その庇護を受けてガリアに滞在したステファヌス2世(?-757)との出会いが文化交流に貢献したという説が本当のようです。745年、メスの司教クロデガングは、ローマ典礼を取り入れつつ改変し、それをピピン3世の息子のカール1世が広めたのだとか。さらに、グレゴリウス1世の保護を受け、新しい聖歌が権威づけされました。

グレゴリオ聖歌のレパートリーには、12世紀に遡ると言われる有名な『天使ミサ(Missa de angelis)』があります。アカペラでうたわれるため、自然な印象を与え、神の絶えざる功績を讃える中でうたう人の気持ちが1つになります。

かつては、7歳にならないうちに亡くなった幼い子どもを弔う悲しい儀式のことも、天使ミサと呼びました。

天使の名前

天使の数は何千人にものぼるのに、名前はそれほど知られていません。その理由を知るには、教義を決定するために開催される教会会議の歴史を遡る必要があります。

745年、ローマで開かれた会議では、天使の名前を唱えて祈ることを禁止し、聖書にはっきりと名前が記されているミカエル、ガブリエル、ラファエルの三大天使に崇拝の対象を限定しました。他の天使たちは「悪魔の精霊」と見なされたのです。

789年、アーヘンの会議では、この決定を再確認したうえで、天使に名前をつけることも禁止します。神学者たちは、天使が異教偶像の崇拝につながることを恐れたのでした。

天使の名前は、「エノク書」、「ヨベル書」、各種黙示録、ユダヤ教や神秘主義や秘教の伝統など、信憑性に異論のある文献によく出てきます。古代バビロニアのシュメール人の宗教によく登場する聖性や霊も、天使の増殖を促す要因になりました。しかし、聖書では、天使が伝える神の意思や摂理のさまざまな側面に重点をおいています。天使という天空の存在は、神の属性のアレゴリーであって、崇拝の対象ではないのです。

基本的に、天使の名前は担っている任務に対応しており、呼称の大半に接尾辞がついています。"-el"は神を意味し、オリフィエル(Orifiel)と言えば「神の雲」、サマエル(Samael)は「神の毒」、ファヌエル(Phanuel)は「神の顔」(悔い改めの天使で、人間が犯した罪を悪魔が神に告発するのを妨げます)、アナエル(Anael)は「神の赦し」、ラグエル(Raguel)は「神の友人」、マトリエル(Matariel)は「神の雨」。また、同じ「神」を意味する“-yah”(ヤハウェに由来)という別の接尾辞もあります。例えば、スルヤ(Suryah)は「神の指揮」です。

ヘブライ語の名前を理解しようとすると、カバラの神秘的な魔界に足を踏み入れざるをえません。ヘブライ語の22の文字は数字と複雑に関係づけられており、それぞれ数値化されています。そのため、算術を使って天使の名前に新たな解釈を付与することが可能で、一種のオカルト的なパワーが関与しています。命名という行為は、名前を与えるものの力を共有することでもあるのですから。声に出して言うことのできるよく知られた名前の背後には、秘密の名前が隠されていますが、それを口にすることはできません。

民間信仰や秘教主義では、迷信から天使に対する信仰が発展しました。もともと呪術は、悪魔が元凶とされるいくつかの病を遠ざける目的で行われていたものです。ミカエルが頭痛を治すと信じられているのには、このような背景があります。アメリカのニューエイジ・ムーブメントでは、守護天使と交信して、その名前を発見することが神秘に至る第1歩です。

洗礼者ヨハネの誕生

福音書では何人もの天使によって、洗礼者ヨハネとイエスの誕生が告げられます。この驚くべき場面は、メシアの聖性を示しています。

『ルカによる福音書』で語られているように、ザカリアとエリサベトは敬虔な信者でしたが、子どもがなく、すでに年をとっていました。祭司であったザカリアが聖所で務めを果たしている間、大勢の信者は外で祈りながら待っていると、主の天使が現れて祭壇の近くに立ちます。そして、恐怖の念に襲われるザカリアに、エリサベトがまもなく子どもを産むと告げて安心させ、さらに、息子は預言者として、多くの人々を主のもとに立ち帰らせるだろうと預言しました。天使はガブリエルだと名のりますが、ザカリアはすぐには信じられず、息子が誕生するまで、それを話すことができませんでした。

受胎告知

大天使ガブリエルがマリアのもとを訪れた出来事を「受胎告知」と言います。

ガブリエルは『アヴェ・マリア』の最初のフレーズを唱え、まだ若くておびえるマリアに、まもなく子どもが生まれることを告げ、祝福しました。処女だったマリアはそのお告げに驚きますが、大天使から精霊の力によって受胎するのだと言われ、安心します。こうしてマリアは「私は主のはしためです」と言って、自分の運命を受け入れるのでした。

『マタイによる福音書』では、眠っているヨセフをガブリエルが訪れ、マリアは聖霊の子を身ごもっているのだから、離縁することなく迎え入れなければならないと言います。目を覚ましたヨセフは、天使が命じたとおりにしました。その後、天使は再び夢に現れ、ヘロデによる幼児虐殺からイエスをまもるため、エジプトに逃げるよう忠告します。ヘロデが死んで危険がなくなると、やはり夢の中に現れてエジプトからイスラエルへ戻るように告げたのでした。

Annonciation de la Sainte Vierge!

キリストの降誕

ヨセフとマリアは、住民登録のためにベツレヘムに行きます。町に着いたマリアは、月が満ちて出産が間近に迫っていることを知りますが、宿屋には泊まる場所がなく、その晩、家畜小屋で男の子を生みます。近くでは、星空の下、羊飼いたちが羊の群れと野宿をしていました。すると突然、超自然的な輝ける光とともに天使が現れ、恐れおののく羊飼いたちに、大きな喜びであるメシアの誕生を告げます。これに天使の大軍が加わり、声を合わせて「いと高きところには栄光、神にあれ」とうたいます。天使が去ると、羊飼いたちは家畜小屋へ幼子イエスを拝みに行きました。これが『羊飼いの礼拝』のエピソードです。

他方、星に導かれて、東方の三博士が家畜小屋を訪れます。三博士も、夢でヘロデのところへ帰ってはならないというお告げを受けたと言われていますが、福音書には警告したのが天使かどうかについては書かれていません。

キリストの復活

イエスが死んだあと、遺体は墓に運ばれます。祭司長とファリサイ人は、イエスの復活を人々に信じさせようと弟子たちが遺体を探しにくることを恐れ、墓の入り口を石で封印し、番兵に見張らせました。

この時も、恐ろしさのあまり震えあがる番兵の前に、轟音とともに輝く光の中、ひとりの天使が天から降りてきて、石を脇へ転がし、その上に座ります。こうして、イエスが墓から出てきたのです。明け方、何も知らない聖女たちが、イエスの体に香油を塗ろうと墓を訪れますが、道々、あの重い石を墓の入り口からどうやって動かそうかなどと話していると、地面が揺れて石がどけられ、墓の中に入ることができました。しかし、イエスの遺体はどこにもありません。墓の右手に腰かけていた天使が、キリストは確かに復活したと告げたため、女性たちはイエスの弟子に伝えに行きました。しかし、ペトロとヨハネはすぐには信じることができず、悲嘆にくれたマグダラのマリアを連れて墓へ行くことに。墓に入ったふたりの使徒は、亜麻布を見つけるものの遺体がなかったため、墓を去りました。その間、外で泣いていたマグダラのマリアのところへふたりの天使が現れ、墓の上に座って、なぜ泣いているのかとたずねます。さらに、背後に別の男が現れ、同じ質問をしました。マリアはそれがイエスの声だとわかり、思わず足元にひれ伏すと、その男はみなに復活を知らせに行くように告げたのでした。

ユダヤ教の天使

タルムードによると、天使の概念は、バビロニアから帰還したユダヤ教徒がもたらしたもので、その名の一部はペルシアの宗教に由来します。天使は、天地創造の2日目に創られ、半ば水、半ば火でできていて、それぞれ特殊な任務を担っていると言います。ミカエルはイスラエルの子どもをまもり、ガブリエルは勇気と力を授け、ウリエル(「神はわが光」の意)は闇にいる人間を明るく照らし、ラファエルは心身の病を治すのだとか。

ヨム・キプール(贖罪の日)の間、伝統的に信者は天使と同じようにふるまい、食べものも飲みものも口にしてはならないことになっています。断食後、再び食事を取る前には、ユダヤ教の礼拝の歌『あなたに平和がありますように(Shalom Aleichem)』をうたいます。このようにして天使を歓迎すると、天使は家庭が安泰で戒律をまもることを保証し、神に願いを伝えるのです。「あなたに平和がありますように。いと高き天の諸王の王より遣わされし天使……」。

伝承によると、シャバットと呼ばれる安息日の夜、ユダヤ人はそれぞれふたりの天使につき添われ、ろうそくが燃えれば良き天使が祝福を授け、燃えなければ悪しき天使がその役目を引き受けるということになっています。

לשנה טובה תכתבו
A happy New Year
אָ זעה: אין הימעל דאָרט
געהט אויף דיין העלער שטערען;
דו װערסט מיט מזל היי־יאָר
א כלה װערען.

マイモニデスと天使

モーセ・マイモニデス(1135-1204)は、12世紀のアンダルシアのラビ。医師、哲学者、法律顧問、エジプトのユダヤ人共同体の指導者でもあり、アリストテレスを称賛し、聖トマス・アクィナスに影響を与えました。トマス・アクィナスはマイモニデスを「シナゴーグの鷲」と称しています。

マイモニデスは、天使を「インテリゲンチア(「知的存在」以外に、「天体」という意味も)」と呼びました。ヘブライ語のSabaの複数形Sabaothは、「天体と天使の万軍」を意味します。ユダヤ教では伝統的に、天使の位階を10段階に定めていますが、マイモニデスは大きく2つのカテゴリー、「恒久的な」天使と「一時的な」天使に分けました。後者は歴史上のある特定の時期に創造されたものです。マイモニデスにとって、預言者は神の使者を務める天使でもありました。

普段、天使は目に見えませんが、現れる時は、人間の限られた知性でも理解できるように人の姿をしています。マイモニデスは、「天使なり、その言葉なりが語られる時は、常に預言または夢の形を取る」と書いています。

ギリシア哲学に影響を及ぼしたマイモニデスの考え方は、理想主義的な宗教の解釈に基づいています。

לשנה טובה תכתבו
פליהט דער מ'אך גלייך פון הימל;
פאר די קליינע קינדערס וועגען:
זאל דאס נייע יאר אייך לייכטען
פול מיט גליק און פרייד און זעגען

「私の傷を香油で癒す聖なる天使」

ピエール・ド・ロンサール(1524–1585)

私の傷を香油で癒す聖なる天使、
神の御心を引き受け、伝える使いのものよ、
いずれの天上の門よりこの地に降り立ったのか、
わが魂の痛みを鎮めんがために?

おお、夜のしじまに夢想がわが身を焦がす時、
どうか、私の苦しみを憐れんでおくれ、
今、この腕に、今、目の前に、
愛しき女性《ひと》の幻を。

いかないで、どうぞそのまま、しばしお待ちを!
むなしくも欲望にさいなまれる私が、
そのうるわしい胸をむさぼりつくすまで。

さもなければ、私は生きていけない。
現《うつ》し身でなくとも、せめて夢の中で、
一晩中、抱かせておくれ。

IHS
644
BOUASSE-JEUNE Cie FRANCE

ファティマの天使

ファティマは、ポルトガルのリスボンの北130kmに位置する小都市。1917年、3人の羊飼いが聖処女マリアの顕現を受けたことで有名です。しかし、その2年前に天使が子どもたちを訪れていたことはあまり知られていません。

1915年、ファティマはいくつかの集落からなる田舎の一教区にすぎませんでした。その年、8歳になる羊飼いルシアが、ふたりの少女とロザリオの祈りを唱えていた時のこと。空中に雪でできた彫像のようなものが現れ、祈りを唱えおわると消えるということが、3回続きました。ルシアはそれを両親に話しますが、嘘をつくのではないとひどく叱られます。1年後の1916年の春、同じ年ごろの従兄妹フランシスコとジャシンタと一緒にルシアが羊の番をしていると、突風が吹いて天使が現れました。平和の天使です。天使は子どもたちに語りかけ、一緒にお祈りをしました。夏になると、この天使はまた姿を現し、3人に祈りと犠牲を促します。ただし、この時はポルトガルの天使だと名のっていました。3回目は秋で、ルシアたちが洞窟で黙祷を捧げていると、1つの手に聖杯、もう1つの手にホスチアを持ち、透き通らんばかりに白く光輝く天使が現れ、子どもたちを祈らせ、聖体を授けました。聖体の天使です。

叱られることを恐れて、3人は誰にも話しませんでしたが、こうした天使の出現は、翌年の聖処女マリアの出現を予告するものだと考えられています。

聖フランチェスカと守護天使

フランチェスカ・ビュッサ・デ・レオーニは、1384年、ローマの貴族の家に生まれました。修道女になることを望んでいましたが、父親は娘を嫁がせます。フランチェスカは運命を受け入れ、妻として母として完璧に務めを果たしました。

ある朝、目を覚ましたフランチェスカが娘の寝顔に見入っていると、まばゆい光の中、疫病で亡くした息子ジャン・エヴァンジェリスタが大天使とともに現れます。息子は、フランチェスカの愛する娘はまもなく天に召される運命にあり、フランチェスカを慰めるために天使が遣わされたのだと告げます。事実、預言のとおり、娘は病気で亡くなりました。

それから、フランチェスカは慈善活動に身を捧げます。夫の死後は修道院に入り、1440年に亡くなると、1608年に列聖されました。聖フランチェスカを描いた絵を見ると、守護天使を必ず伴っています。天使は、疫病や戦争など、苦難に満ちた生涯を通じて聖女に寄り添い、まもり続けたということです。

S. Francesca.

Ste Françoise. ✣ ✣ S. Francisca.

Hl. Francisca ✣ St Franzisca.

天使とプロテスタント教会

天使に関してプロテスタント教会が取っている立場は、宗教改革者カルヴァン(1509-1564)自身が言っていることとそれほど違いません。カルヴァンは、神から「遣わされた」天使が登場する聖書やエピソードから出発しました。天使の堕落も、神のそばに仕えて功績を讃える天使の存在も認めています。ただし、聖書に天使に関する記述はなく、その存在を決定的に証拠立てるものはないと主張しました(例えば、『創世記』では天使の創造について触れていません)。折々の説教で、カルヴァンは愛情をこめて天使について語っていますが、天使はあくまで「神の被造物」であり、世界を救済するために神から遣わされたのは、イエス・キリストただひとりだと繰り返し述べています。

この点でカルヴァンは、天使を祀る儀式や祭事を発展させた当時のローマ・カトリック教会と明らかに意見を異にしました。天使は崇拝の対象でも信仰の対象でもなく、神の恩恵に与《あずか》れるように天使にとりなしてもらうことがあってはならない、というのがカルヴァンの考えで、聖パウロの流れをくんでいます。

JHS

フラ・アンジェリコ「天使の画家」

画家フラ・アンジェリコ(1400頃-1455)には、いくつもの名前があります。本名はグイード・ディ・ピエトロ、宗教上はフラ・ジョヴァンニ・ダ・フィエーゾレ、あるいはベアート・アンジェリコとも呼ばれます。

15世紀のイタリアを代表する画家で、画風には中世からルネサンス初期に至る刷新の息吹が感じられます。フィレンチェで画家として修業を積んだのち、ドミニコ会修道会に入信すると、1427年、司祭になりました。しかし、フィエーゾレのサン・ドメニコ修道院の祭壇画、メディチ家の依頼でフィレンツェのサン・マルコ修道院のために描いた作品群、ローマのサン・ピエトロ大聖堂の礼拝堂の装飾などで、早々に画家としての名声を確立します。そして、宗教画、祭壇画、教会の装飾画、フレスコ画の制作に生涯を捧げ、フィレンツェではあらゆる絵画と細密画の規範とされるように。また、それだけにとどまらず、光の扱いをはじめとする、後世のイタリア絵画の発展に大きく寄与しました。

毒麦と天使の刈り入れ

「パウロ書簡」で、天使や大天使は、世界の終末を告げる伝令として書かれています。天使たちは天から降臨される主に敬意を表し、正義を司るのです。

『マタイによる福音書』と『マルコによる福音書』で、天使は最後の審判に立ち合いますが、この時は懲罰の執行役として麦と毒麦の例えを実践します。

例え話の中でイエスは、悪魔が麦畑に毒麦の種を蒔いても、両方の種を隔てるのではなく、ともに育つままにしておくように言います。刈り入れ時になったら2つの麦を分け、毒麦は束にして焼き、良い麦は集めて倉に入れるのです。その後、イエスは「刈り入れは世のおわりのことで、刈り入れるものは天使たちだ」と言って、最後の審判で天使がどのように天上の刈り入れを行ったかを説明し、例え話を理解するヒントを弟子たちに与えます。イエスから遣わされた天使は、集めた人のうち、悪い者を燃え盛る炉の中に投げ込んだのでした。

最後の災厄が起こる前、太陽が暗くなり、月が光を放たず、星が空から落ちてくると、人の子イエスが現れ、天使たちは大きなラッパの音を合図に、イエスによって選ばれた人たちを四方から呼び集めました。

羊飼いと天使

キリストの降誕が羊飼いに告げられて以来、牧者と天使の間に一種の仲間意識が生まれました。これは、いくつかの羊飼いにまつわる伝承を見ても明らかです。

イタリアのカンタリーチェに暮らす12歳の羊飼い、フェリーチェ・ポッリは、ミサの間、羊の群れを神にゆだね、自分の代わりに守護天使に羊の番をしてもらいます。実際、目撃した人が何人もいるとか。28歳になるとこの羊飼いは、ローマでカプチン会修道士として施しを受けながら暮らし、フラ・フェリーチェと呼ばれるようになります。1587年、72歳の時、聖処女マリアと天使に囲まれ、法悦のうちに人生をまっとうしました。

同じ頃、スペインの、ホルヘ・デ・カルザドも天使に羊の番をしてもらいます。嫉妬に駆られた仲間の羊飼いが訴えたため、主人はホルヘを見張りますが、守護天使が現れたので驚嘆します。ミサに行っている間、天使が自分の代わりを務めるのだという説明を聞いて、主人はホルヘを家に残すことにしました。30歳の時、ホルヘはフランシスコ会修道会に入信し、守護天使の教えを受けた精神的指導者になります。

スペインには、他にも同様の例があります。羊飼いのパスクアル・バイロン(1540-1592)は、フランシスコ会修道士になるものの、羊の群れを離れてミサに行くことはできませんでした。しかし、教会に行きたいという願いがあまりに強かったため、守護天使が現れてホスチアを差し出し、聖体を礼拝させます。伝承によると、天使がパスクアルに読み書きを教えたことになっています。パスクアルは1691年に列聖されました。

Mon Ange,
marchera devant vous
et vous gardera en chemin.
(Exode.)
BOUASSE-LEBEL
2412
PARIS.

「暗い寝台で」

ヴィクトル・ユゴー（1802–1885）

［……］無垢の子が眠っている！
人間の運命を
あらかじめ知る
公平無私の天使たちは、
この子に戦う武器も恐れも
警戒心もないのを見ると、
目に涙を浮かべて
小さな手にキスをする。
かすかに触れた子どもの唇は
甘美な蜜の味。
天使が泣いているのを見て
子どもが言う、「ガブリエル！」
けれども、天使は子どもをそっとなで、
寝台を揺らすと、
唇に指を添え、
もう一方の指で天を差し示す！［……］

SOUVENEZ-VOUS, Ô, MON BON ANGE-GARDIEN, QUE LE SEIGNEUR VOUS AYANT CONFIÉ LE SOIN DE MON ÂME, VOUS EN ÊTES DEVENU LE PROTECTEUR ET L'AMI. PROTÉGEZ-MOI, DIRIGEZ-MOI.

E. M. Br. MADE IN BELGIUM O-2

天使の聖性

聖性とは、神意に忠誠を誓い、常に神とともにあり、精神が気高く、人間として模範となる影響力を持ち、他に抜きん出た人の状態を指します。

天使の地位は特殊です。純粋に精神的で、非物質的存在である天使は、神の功績を讃え、そばで仕えるために創造されました。しかし、天使の中に反逆するものと踏みとどまるものが出てきます。教理問答を読むと、神に忠実であり続けたものの聖性と全《まった》き幸福は失われることなく、永遠に保証され、絶えざる恩恵に与《あずか》れることがわかります。

人間は原罪を犯す以前、天使の位階の最下位である10番目に位置していたと考える注釈者もいます。

神は人間を楽園から追放すると、エデンの園の東に天上の番人（ケルビム）をおいて戻ってこられないようにし、天上の位階からも抹消しました。しかし、人間が蘇る時には、キリストの犠牲と贖罪によって、天使が占める位階のさらに上、上級天使であるセラフィムをも超えて、神に最も近い場所を占めるようになるということです。

Ô Saints Anges
donnez-nous
d'approcher de la
Table Sainte avec
le respect et l'amour
dont vous entourez
le Dieu caché
de l'Eucharistie.

BONAMY ÉDIT. PONT. 338. 2. POITIERS. DÉPOSÉ

「天使の音楽家」

モーリス・カレム（1899–1978）

降り続く雨の上
ハープを奏でているのは
木曜日の天使たち
繊細な指でつまびかれる
妙なるモーツァルトの調べに
青みを帯びた悦びのしずくが滴り落ちる
天上の楽師たちが
とこしえに演奏するのは
いつものモーツァルト
木曜日の間中
やさしく降り続く雨に
ハープの音《ね》が唱和する

聖テレサの法悦

スペインの聖女アビラのテレサ(1515-1582)が、真の信仰に目覚めるのはいくらか遅く1554年のことでしたが、1622年には列聖されました。所属していたカルメル修道会の改革を手がけたことで知られています。

著作の中でテレサは、自分の神秘的な体験を語っており、特に以下の体験は重要です。

ある日、祈りのあとで歌をうたっていると、恐ろしいまでの恍惚状態に陥り、その時、どこからか聞こえてきた声が、「汝に、人間とではなく、天使たちと親しむことを望む」と言いました。

天使ケルビムはテレサのもとを何度か訪れています。テレサの左側に立った天使は小柄で、美しく、高揚した顔で、燃える金の剣を携えていました。そして、時折その剣で、忘我にある聖女の心臓を貫きます。その時テレサは、神秘的な極度の苦痛とともに、めくるめくような法悦を感じたとか。

ローマ人兵士に槍で貫かれた十字架上のキリストを彷彿させる、心臓を貫かれる痛みを伴った法悦は「トランスヴァービレイション(刺し貫くの意)」と呼ばれ、バロック期の著名な彫刻家ジャン・ロレンツォ・ベルニーニ(1598-1680)の作品『聖テレサの法悦』になりました。この彫刻は1652年に完成し、ローマのサンタ・マリア・デッラ・ヴィットーリア教会コルナロ礼拝堂にあります。

SANTA TERESA DI GESU'

聖母の被昇天

聖書は、マリアの死についてまったく触れていません。5世紀になってようやく、部分的にではありますが、生涯をたどる伝記的エピソードが書かれるようになりました。驚異的な伝説ではありますが、教会が慎重に対処していることがうかがえます。

伝承によれば、マリアはオリーブ山で天使と会っています。天使はマリアに命の樹の枝を差し出して、死が迫っていることを告げます。使徒が奇蹟的に全員集まってマリアを囲んでいると、天使を従えたイエスが現れ、母親の魂を大天使ミカエルに託します。正教会ではこれを「生神女就寝《しょうしんじょしゅうしん》」と呼び、聖人にとって死は一種の「眠り」にすぎないという考えを表しています。埋葬されたマリアは、数日後にイエスが亡骸を引き取りに現れ、天に連れてゆきました。

カトリック教会ではこのエピソードを「被昇天」と規定し、正教会では「就寝」の用語に含めています。

聖母の被昇天の祝日は、6世紀にビザンティン帝国の皇帝マウリキウス(539頃-602)が制定したもので、いずれの暦でも8月15日。教義や公式の信仰として認められる以前は、民間で盛大にお祝いをしていました。カトリック教会が聖母マリアに関する教義を定めるのは比較的遅く、無原罪の宿りが1854年、被昇天が1950年。なお、プロテスタント教会は、この教義を認めていません。

No. 04 Copyright. Depose, Registrado IMMACULATA K. F. Z. Printed in Switzerland

マリア、天使たちの女王

天使の上に君臨するマリアの姿は、聖母信仰がおおいに盛りあがる13世紀から15世紀以降、頻繁に描かれました。マリアを囲んで、天上の楽師である天使がうたっている絵です。

大天使ガブリエルによる受胎告知、キリストの降誕、マリアの被昇天など、聖母の生涯で重要な出来事には常に天使が現れています。また、天使には天国で音楽を奏でるイメージがつきもので、うたう天使の姿はあちらこちらで認められ、その頭上には『詩篇』の句が書かれたユダヤ教の経札や幟《のぼり》がはためいていることも。音楽を演奏する天使の姿は、写本装飾、礼拝堂のフレスコ画、ステンドグラスなどでも多く見られます。

フランスのルマンにある聖ジュリアン大聖堂聖母マリア礼拝堂の天井を飾るフレスコ画には、少なくとも47人の天使が描かれ、そのうち15人が楽器を弾いています。聖母マリアの功績を讃えるために描かれた多くの楽器の中には、中世のヴィエル（ヴァイオリンの前身の弦楽器）も。この古楽器は、貴女への愛をうたう吟遊詩人《トルバドゥール》のアトリビュートで、マリア信仰の対象になっているのもそのためでしょう。

Gratitud Nacional - Santiago

東方正教会の天使

東方正教会では、カトリック教会のミサに相当する儀式を「聖体礼儀」と呼びます。フランスでは、「集まり」すなわち神の民の聖なる招集を意味するギリシア語Sainte Synaxeを、聖人と天使が集う正教会の重要な奉神礼の名称にしています。

神のすべての被造物の例にもれず、人間も神を限りなく讃えるために招集され、天使とともに賛美歌をうたいます。

東方正教会の暦で11月8日は、ルシフェルと堕天使の反乱に対して、万軍の天使を率いて戦った聖ミカエルの働きを記念し、ミカエルとガブリエル、そして天使の軍勢を祝うことになっています。

ビザンティン美術の中でも、特にイコン(聖像画)で、戦士のミカエルと平和のガブリエル、その間で祭司の衣をまとったラファエルが、それぞれキリストの画像を抱いている姿をよく見かけます。ここでは、三大天使が宗教、軍、世俗の権力を象徴しています。

JHS
Saints Anges de Dieu
qui le voyez face à face
rendez mille actions de grâces
pour moi.
Anc. Manuscrit
BOUASSE JEUNE
PARIS

殉教者を救う天使

天使は殉教者を常にまもります。試練にさらされたダニエルと友人たちがその例です。

バビロニア捕囚時代、ユダヤ人の若者ダニエルは敬虔さで知られ、特にダレイオス王の治世には大きな影響力を持っていました。そのため、ダニエルをよく思わない大臣や総督たちが、王が崇める神以外を信じるものを、獅子のいる洞窟に投げ込むという命令を制定させます。ダニエルは、聖書の神ヤハウェに、1日3回祈りを捧げていましたが、習慣を変えませんでした。陰謀を企む人々の告発により、ダレイオス王は、しぶしぶダニエルを獅子の穴に投げ入れるよう命じます。眠れぬ夜を過ごした王が、翌朝、洞窟へ様子を見に行くとダニエルは無事で、「神様が天使を送って獅子の口を閉ざしてくださったので、私は何の危害も受けませんでした。神様に対する私の無実が認められたのです」と言いました。王はダニエルを洞窟から出し、宮廷での地位を復権させると、今度は告発したものたちを獅子の穴に投げ込みます。告発者たちは、たちまち獅子にかみ砕かれてしまいました。

ダニエルには、ハナンヤ、アザルヤ、ミシャエルという3人の友人がいました。この3人は、ネブカドネツァル王が造った金の像の前でひれ伏して拝むことを拒んだため、縛られたまま燃え盛る炉に投げ込まれますが、焼き殺されるどころか、無傷で火から出てきます。3人と一緒に炎の中を自由に歩いていたのが主の天使だったことがわかり、王は彼らが信仰する神の力を認めたのでした。

SAINTS ANGES
DE DIEU
QUI LE VOYEZ FACE
À FACE, RENDEZ
MILLE ACTIONS DE
GRÂCES POUR MOI.
Anc. Manuscrit
1032. BOUASSE JEUNE, PARIS

ジャンヌと神の声

ドンレミの羊飼いの娘は、奇蹟のお告げを聞いてフランスの聖女ジャンヌ・ダルク(1412頃-1431)になりました。お告げの中には、悪魔の化身である竜を倒した天の軍勢を指揮する大天使ミカエルの声もありました。この時期、聖ミカエルに対する信仰が盛んであったことは特筆に値します。モン・サン・ミシェルやル・ピュイ・アン・ヴレをはじめ、巡礼が盛んに行われ、シャルル7世(1403-1461)の軍旗には、大天使ミカエルの雄姿が描かれました。

ジャンヌが13歳の時のことです。強烈な光に捕えられ、身動きができなくなったジャンヌの耳に、どこからか高貴な声が聞こえてきます。天使を従えた聖ミカエルの声だとわかり、以後4年間、ジャンヌは大天使の教えを受けます(生涯を通じて、この神の声は使命を遂行する聖女を支え続けました)。当時、フランスはイギリスとの百年戦争(1338-1453)の中にあり、イギリス軍を突破し、オルレアンを解放してみせるというジャンヌに対し、小部隊でどう成し遂げられるのか、いぶかる声があがります。しかし、ジャンヌは兜を脱ぎ捨て、目に見えない何かに向かって敬礼をしたあと、「われらには天使の軍勢がついている」と言って兵士たちを鼓舞したのでした。

La Vénérable Jeanne d'Arc.

黙示録の天使

ギリシア語の「黙示録」は「啓示」を意味します。しかし、作品としての『黙示禄』ではもっぱら世界のおわりに関する啓示が語られているため、語の意味が変わってしまいました。

黙示文学では、天使ファヌエル(「神の顔」の意)、レミエル、ウリエルが良き魂の案内人を務めます。

福音書でイエスが世界の終末を語る時、引き合いに出されるのは栄光に包まれた父なる神を囲む天使たち。その数「万の数万倍、千の数千倍」にのぼる天使の大声とともに裁きをくだすのは、子であるイエスその人です。

キリスト教徒が待ち望んでいたメシアが再び地上に到来することを、神学の用語で「再臨」と言いますが、栄光の中で完全なる世界を支配するイエス・キリストの臨在に、特権的に立ち合うのが天使たちなのです。

ヨハネの黙示録

『ヨハネの黙示録』は、天使がヨハネに世界の終末に関する預言を明かす体裁を取っていて、以下のエピソードはとても象徴的です。

天使がヨハネに巻物を渡し、「食べてしまえ」と命じたところ、食べると蜜のように甘かったものが、おなかに収まるにつれて苦くなりました。それでもヨハネは、巻物で明らかにされているすべての啓示を消化して、自らのものにしなければなりませんでした。

天使は至るところに存在します。例えば、小アジアにある7つの教会はいずれも天使によってまもられています。また、「最後の7つの災いに満ちた7つの鉢を持つ7人の天使」は、新しいエルサレムが天からくだってくることを示します。神意を告げて遂行し、キリストの預言と最後の審判で果たす役割を確認するのもやはり天使です。その他、香炉を持っているもの、聖なるものの祈りを神に永遠に捧げるもの、武装して大天使ミカエルとともに悪魔とのおおいなる戦いに身を投じるもの(ミカエルは悪魔の化身である竜を倒し、底なしの淵に投げ落とします)もいます。

獣(悪魔)と神の言葉(イエス)が対決する戦いでは、白く清い麻の布をまとった天の軍勢が白馬にのって集結します。

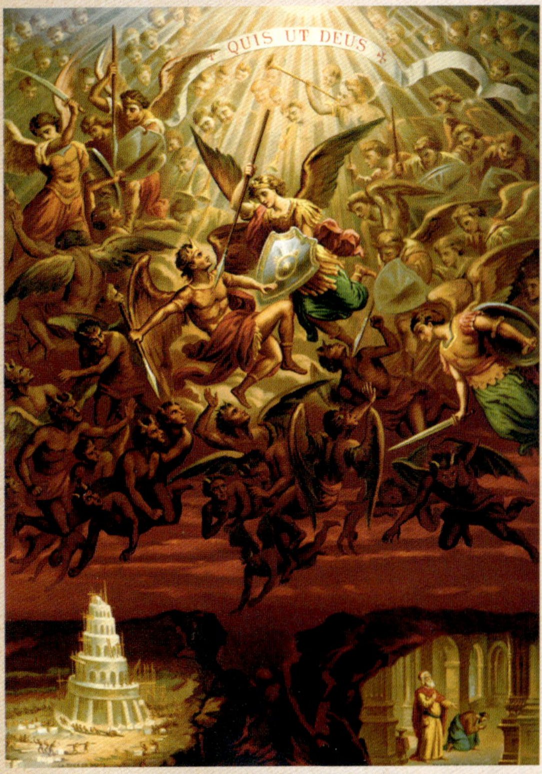
QUIS UT DEUS

最後の審判のラッパ

『ヨハネの黙示録』では、7人の天使が7つのラッパを吹き鳴らし、迫りくる災禍の到来を告げます。

第1の天使がラッパを吹くと、血の混じったひょうと火が発生。第2の天使がラッパを吹くと、火で燃えている山が海に投げ入れられ、海が血に変わり、海に住む多くの生きものが死に絶えます。第3の天使がラッパを吹くと、大きな星が天から落ちてきて、川の水が苦い毒に。第4の天使がラッパを吹くと、太陽と月と星が損なわれ、空が暗くなり、災いが広まります。第5の天使がラッパを吹くと、別の星が空から落ちてきて底なしの淵が生じ、そこから獰猛なイナゴの群れが湧き出て、底なしの淵の使い(ヘブライ語ではアバドン、ギリシア語ではアポリオン)の命令で罪人たちを苦しめるように。第6の天使がラッパを吹くと、黙示録の4人の天使が解き放たれ、武装した騎兵が人間を襲い、殺します。最後に、第7の天使がラッパを吹くと、24人の長老がひれ伏してキリストを礼拝し、その時、天にある神の神殿が開かれ、契約の櫃《ひつ》が垣間見えます。

16 Droit.
LE JUGEMENT.
Droit. 16
LE JUGEMENT DERNIER.
LE JUGEMENT DERNIER.
16 Renversé.
LE JUGEMENT.
Renversé. 16

イシドルスと農夫の天使

イシドルスは妻とスペインで暮らしていました。ある日、幼い息子が井戸に落ちて溺れかけますが、突然、井戸の水位が縁石まで上昇し、息子は奇蹟的に助かります。救いの神に対する感謝のしるしに、夫婦は禁欲を誓って別々に暮らし、生涯を祈りに捧げます。

イシドルスは農夫で、つらい仕事でしたが、毎日ミサに出席してお祈りをすると約束します。実は、ミサの時間になると、イシドルスが畑を留守にしてもいいように、神が遣わした天使が代わりに仕事を片づけてくれたのです。ある時は天使が自ら畑をすきで耕し、ある時はまばゆいばかりの白い牛が２頭、隣のあぜですきを引き、農夫の仕事を助けました。嫉妬した他の農夫たちが主人に言いつけますが、主人はイシドルスをかばい、イシドルスも死に瀕した主人の娘を助けました。

他にも、泉の水を湧き出させて干ばつを回避するなど、イシドルスはいくつも奇蹟を起こしました。

1170年にマドリッドで亡くなり、今日、イシドルスは街の守護聖人です。死後40年経って遺体を移動させようとしたところ、腐敗することなくそのまま保たれていたという話から、1622年になって列聖されたのでした。

St Isidore.

Lorsque nos mains ont touché
des aromates, elles embaument
tout ce qu'elles touchent:
faisons passer nos prières par
les mains de la Ste Vierge,
elle les embaumera.

(Extr. de la Vie du Curé d'Ars.)

「アマルフィの唄」
アルフォンス・ド・ラマルチーヌ(1790–1869)の訳によるイタリアの歌

12歳の時、私は花盛りの果樹園で、
レモンやアーモンドの木陰に座っていた。
どこもかしこも春の息吹に満ち、
そよ風が襟元の巻き毛を揺らしていく。
聞こえてきたのは、魂の底まで浸み入る甘い声、
私は悦びにうち震えた。
風でもなく、鐘でもなく、牧者の笛の音でもなく、
子どもでも、男でも、女の声でもない。

それはあなた、あなたの声、おお、私の守護天使、
あなたと私の心は、すでに通い合っていた!

[……]

今では私はひとり、年老いて髪も白くなった。
北風を防ぐ茂みの近く、長年の家事仕事で、
皺の刻まれた手をあたためながら、
子ヤギと子どもたちを見まもる毎日。
けれども、胸の中では心の声がいつでも
私に話しかけ、慰め、歌ってくれる。
若き日に耳にしたあの声でもなく、
私が慕って泣いた愛しい男《ひと》の声でもない。

それはあなた、あなたの声、おお、私の守護天使、
あなたはいつでも、私の心と涙とともにある!

ヤコブと天使

天使と関わりの深い聖書の登場人物と言えば、アブラハムの孫ヤコブ。イサクとリベカには、双子の息子エサウとヤコブがいました。イサクはエサウをより好いていましたが、目が見えなかったため、兄の姿に扮したヤコブをエサウと間違え、祝福を与えてしまいます。そのために兄弟間で争いが起こり、ヤコブは伯父のもとに逃亡することに。夜どおし歩き続けて疲れきったヤコブが眠っていると、夢の中で、先端が天まで達する階段が地に向かって伸び、天使がそれをのぼったりくだったりしている様子が見えました。それから、光に包まれた主が傍らに立ち、「あなたが今、横たわっているこの土地を、あなたとあなたの子孫に与える。(…)あなたがどこへ行っても、私はあなたをまもり、必ずこの土地に連れ帰る」と告げたと言います。

こうして、ヤコブは長い間故郷を離れて暮らしました。メソポタミアで結婚し、家族ができますが、神がアブラハムに与えたカナンの地に戻って、ヤコブを憎んでいるエサウと再会しようと試みます。帰郷の際、ヤコブは家族を先に故郷に行かせ、エサウに召使いと家畜を贈りますが、ある晩、ひとり残ったヤコブを何者かが襲い、ふたりは格闘することに。朝になると、男はヤコブを祝福して、「お前の名は、これからはイスラエル(ヘブライ語で「神と闘った人」の意)と呼ばれる」と言いました。その時、ヤコブはこの不思議な男が主の天使であったことを知るのです。この戦いで、ヤコブはももを痛めて足を引きずることになりますが、負けることはありませんでした。

聖ドミニクスと天使

聖ドミニクスは、ローマのサン・シスト修道院で、弟子たちと暮らしていました。ある日、ふたりの弟子が施しを乞いに行くと、ようやくひとりの女性がパンを１つ恵んでくれます。帰る途中、ひとりの男が施しを求めたため、ふたりはもらったパンを男に譲り、手ぶらで修道院に帰りました。ドミニクスは喜んで弟子を迎え、先ほどの貧しい男は天使なので、案じることはないと言い、食べものも飲みものもないにも関わらず、みなを食堂に呼び集めます。修道師たちが食事の準備の整ったテーブルにつき、祝福を受けたのちに読誦を唱えていると、突然ふたりの若者が現れ、持ってきた見事なパンをテーブルにおいて立ち去りました。また、ドミニクスが貯蔵庫にワインを取りに行かせると、再び奇蹟が起こります。貯蔵庫にあるワインの樽が一杯に満たされていたのです。こうして、ドミニクスと修道師たちは、３日間食事を取って元気を取り戻すことができました。そして、残りを貧しい人々に分け与えました。のちにドミニクスは、説教の中で、神は、信じるものの必要を満たすよう、私たちを見まもっているのだと強調するようになったと言います。

VRAI PORTRAIT DE
S.T DOMINIQUE
conservé à Bologne dans la basilique
du Saint.
Lit. Mazzoni & Rizzoli - Bologna

イスラム教の天使、精霊、悪魔

天使を信じることはイスラム教の信仰箇条の1つで、イスラム神学でも重視されています。アッラーが光から創った天使の数は膨大な数にのぼり、あまねく存在しています。この世界に、地面に額をつけて神に跪拝《きはい》する天使のいない空間はないのです。天使は罪を犯しません。性別はなく、モハンマドを除く人間と預言者の上の階級に位置します。天使は精霊(ジン)や悪魔と本質的に変わりはなく、ユダヤ・キリスト教の伝統と同様に、神(イスラム教の場合はアッラー)を礼拝し、7つの天に位置する玉座を支えます。

天使には翼があり、女性以外の別のものの姿で現れます。まぶたにもぐり込んで神の御業を見まもったり、心の中に入ることもできます。光、祈り、甘やかな香りを好み、そこから栄養を摂ります。

イスラム教では、天使の軍団が敬虔なイスラム教徒を援護します。また、ムハンマドによると、天使ジブリール(ガブリエル)には140対の翼があるとか。伝承では、ある日、ジブリールがムハンマドのもとを訪れ、お仕えしますので何なりとお命じくださいと申し出て、2つの山の間にいる敵を倒すことを提案したところ、ムハンマドは、敵の子孫が神を礼拝するようにして欲しいと、別の願いを告げたと言われています。

ムハンマドは天使について、神の玉座を支える巨大な存在で、肩から耳たぶまでの距離は敏捷《びんしょう》な鳥が700年飛び続けた時の距離に相当すると説明しています。

イスラム教の悪魔はイブリース。堕天使ではなく、超自然的存在の精霊です。傲慢にもイブリースは、アーダムに跪《き》拝《はい》するようにという神の命令に背きました。ジンの中には、神の命に従い、イスラム教を信仰するようになった良いジンと、異教徒のままの悪いジン(シャイターンなど)がいて、後者が悪魔になるとされています。

ムハンマドと天使

伝承は、奇蹟のエピソードを通じて、天使が預言者ムハンマドの人生に大きく関わっていることを伝えています。

ハンマドが6歳の時、ふたりの天使が現れてムハンマドの胸を開いて心臓を取り出し、きれいに洗ってけがれを取り除き、信仰心と勇気を中に詰め、元に戻したのだそうです。

また、610年頃、ヒラー山の洞窟で瞑想をしている時のこと。ムハンマドは天使ジブリール(ガブリエル)の出現を受けます。天使は、ムハンマドが神から遣わされた使者であると明かし、神の御言葉をみなに伝えるよう命じました。

イスラム教の伝承を集成した『ハディース』によれば、ジブリールが次に現れた時、ムハンマドは天使に導かれ、翼のある天馬ブラークで夜に7つの天国をまわり、この夜の旅《イスラー》で、アダム、イエス、洗礼者ヨハネ、ヨセフ、エノク、アロン、モーセ、アブラハムに会ったと伝えられています。

預言者ムハンマドの死に際して、教友《サハーバ》たちは後継者を決めるのに忙しく、葬儀の手はずを整えることができませんでした。そのため、天使のジブリールとイズラーイールが臨終に立ち合い、葬儀を執り行ったとされています。

イスラム教の主な天使

ジブリール(ガブリエル)

信頼できる誠実な聖霊とされ、預言者に啓示を伝え、光のターバンを巻いています。アッラーの神がアーダムに建設させたカアバは、洪水のため場所がわからなくなりますが、アッラーがその位置をイブラーヒーム(アブラハム)とイスマーイール(イシュマエル)に教え、神殿をもう一度建立させます。この時、黒石を運んできたのがジブリールなのだそうです。

イスラーフィール(ラファエル)

終末の到来時に、真実のラッパを吹き鳴らします。最初のひと吹きであらゆるものが吹き飛ばされ、2番目のラッパの音を合図に復活します。

ミーカーイール(ミカエル)

伝承によれば、神はアーダムをこしらえるために土を持ってくるよう、最初ミーカーイールに命じます。しかし、大地が拒んだため、天使は手ぶらで帰らざるをえませんでした。そこで、今度は死の天使イズラーイールを遣わしたところ、大地は同意。ある日、ムハンマドがジブリールに「ミーカーイールが笑うのを見たことがないのはなぜか」とたずねたところ、ジブリールは「地獄が造られてからというもの、ミーカーイールは笑うことがなくなりました」と答えたそうです。

ハールートとマールート

罪を犯すよう人間をそそのかしますが、最初に必ず警告をします。誘惑に負けるか否かは、人間次第ということなのでしょう。

イズラーイール

死の天使で、臨終に際して人間の魂を体から引き離します。

マーリクとリドワーン

マーリクが地獄を監視し、リドワーンが天国を監督します。

イスラム教にも守護天使に相当する存在がいて、人間はそれぞれふたりの天使にまもられていると言います。ひとりは良い行い、もうひとりは悪い行いを促し、すべての言動はこれらの天使の命令によります。罪が犯されると、改悛した罪人が赦しを請うことができるように、天使は罪人を登録する前に6時間の猶予を与えます。

マッカ(メッカ)のモスクには、「マカーム・イブラーヒーム(イブラーヒームの立ちどころ)」と呼ばれる石が存在します。イブラーヒームが、息子イスマーイールとともにカアバ神殿を建てた時、この石の上に立ったと言われ、ジブリールがイブラーヒームに贈った黒石も近くにあります。崇拝の中心をなすカアバの真上にある第七天では、7万もの天使が祈りを捧げています。

イスラム教では、アーダムの創造以前に、天使がエルサレムのある地点に集結したと信じられており、まさにその場所に、7世紀、第5代カリフのアブドゥルマリク(646/7-705)が岩のドーム(ウマル・モスク)を建設しました。ここはモリヤ山の頂上にある、直径約9mの聖なる岩の上にあたります。エベン・シュティヤと呼ばれるこの礎石の上で、アブラハムがイサクを犠牲に捧げ、スライマーン(ソロモン)が神殿を建設し、ムハンマドが天使ジブリールの導きで7つの天をめぐったと言われ、いわば世界はこの石の上からはじまったのです。

天使と聖パウロ

聖パウロにとって、旧約聖書の天使は御言葉を伝える神の使い。全能の神と人間を仲介する役目を担っていました。十戒が刻まれた石板は、モーセが神から直接受け取ったのではなく、天使が与えたのだとパウロが考えたのもそのためです。パウロだけでなく、大天使ミカエルまたは智慧の天使が、石版を渡したのだと言う神学者もいます。また、天使は神意を伝えているだけなのか、それとも神意の形成にも関わっているのかについても論争が起きました。

しかし、パウロは、キリストの受肉以降、主の使いとしての天使の役割は不要だと考えます。イエスは神の子であり、イエスだけがキリストの律法を明らかにするからです。同様に、最後の審判の時、天使または大天使が世界の終末を告げる伝令官と証人の役割を果たしますが、天から降臨するのはイエス・キリストです。

いずれにしても、パウロにとって天使は、身近で地上の人間を庇護するとともに、天上のエルサレムをまもる存在で、楽園に住まう神の功績を讃え、正義を司ります。

Sanctus Paulus, Doctor gentium.

Société de St Augustin. A. b. 154.

「守護天使」

モーリス・ロリナ（1846–1903）

大天使ハニエルよ、いつも輝く美しい瞳が、
悲嘆にくれた太陽のように陰っている、
恋に焦がれる私の心痛を癒してください、
やさしさと、沈黙と、夢の女王よ。

どうか、いま一度立ちあがる力を目覚めさせ、
悲しみに打ちひしがれた体に勇気を与え、
私をおびえさせる倦怠から救い、
古びた剣のごとくさびついた希望を磨いてください。

その明るさで私に笑顔を取り戻し、
私の内なる老いを弱らせ、そうして、朝も夜も、
天使に対してするように、あなたを崇めさせてください！

私をあざ笑うこの世界を離れ、あなたを崇めさせてください、
あなたの哀しみに満ちた不思議な視線に浸り、
蒼い微風が運んでくるかぐわしい香りに包まれて！

荒れ野のエリヤ

天使は時として救いや慰めを与えてくれますが、預言者エリヤのエピソードはそれをよく表しています。

イスラエルを、アハブ王と、罪深いバアルとアスタルテを崇拝する王妃イゼベルが支配していた時のこと。干ばつが国を席巻し、神はエリヤにバアル教の祭司たちをカルメル山に集め、いけにえとして雄牛を2頭準備するよう命じます。エリヤは、ただひとりで、450人の祭司と対決しなければなりませんでした。それぞれ1頭の雄牛を薪の上にのせ、信仰する神の名を呼んで、どちらの神が火をもって応えるかを見るのです。450人の祭司は、狂ったように神の名を叫び続けますが、無為に終わりました。そこでエリヤは、雄牛に水をかけ、アブラハム、イサク、ヤコブの神の加護を祈ります。すると、天から火が降ってきて、その場にいたものはみなひれ伏しました。こうして干ばつがおわると、エリヤは、バアルの祭司をみな殺しにしました。それを聞いたイゼベルは烈火のごとく怒り、エリヤの殺害を命じたため、エリヤは直ちにユダ王国に逃亡します。荒れ野を1日歩き続けて疲れきったエリヤは、エニシダの木の下に倒れ込んで死を願いました。すると、天使がパン菓子と水を持って現れ、エリヤが眠りにつくと再び訪れ、長旅になるからと、十分な食べものと飲みものを与えました。天使の助けに力を得たエリヤは、神がモーセに十戒を刻んだ石板を与えた、シナイに向かって荒れ野を再び歩きはじめます。このあと神は、ホレブ(シナイ)山の洞窟に再度現れ、エリヤに使命を与えました。

S. Elia, Profeta

天使に救い出された聖ペトロ

ヘロデ・アグリッパ1世(紀元前10-紀元後44)は、37-44年、ローマの支配下でイスラエルの国を治めていました。『使徒言行録』は、まだ誕生して間もないキリスト教会のメンバーを、王が迫害したことを伝えています。使徒ヨハネの兄弟ヤコブを殺害し、聖ペトロを投獄したのです。

独房でペトロが2本の鎖に繋がれ、ふたりの兵士の間で眠っていると(監視のため、戸口には番兵がいました)、突然、強烈な光が牢を照らし、主の天使が出現して、ペトロの脇腹をつついて「急いで起きあがりなさい」と言いました。すると奇蹟的に鎖が外れ落ち、天使はすぐに服を着て、ついてくるようペトロに命じます。ペトロは幻を見ているのではないかと疑いますが、命令に従いました。第1、第2の衛兵所を過ぎ、町に通じる鉄の門までくると、そこでも門がひとりでに開きます。しかし、ある通りに入ると、天使は急に離れ去ってしまいました。その時、ペトロは「今、はじめて本当のことがわかった。主が天使を遣わして、私を救い出してくださったのだ」と気づいたのでした。

ペトロの逃亡を知ったヘロデ王は怒り狂い、番兵たちを死刑に処します。その後まもなく、おごりたかぶったヘロデは、王の服を着て、住民たちの前で演説をしますが、たちまち主の天使に打ち倒されてしまいました。

聖書には、神に栄光を帰《き》さなかったため、ヘロデ王は「うじに食い荒らさて息絶えた」と書かれています。

TV ES PETRVS· ET SVPER HANC PETRAM AEDIFICABO ECCLESIAM MEAM
ET PORTAE INFERI NON PRAEVALEBVNT ANDERSVS EAM.

セイヨウトウキ、アンゼリカ

伝承によれば、この植物の特性を明かしたのは、大天使ラファエルではないかと言われています。セイヨウトウキは、大型のセリ科の植物で、高さ2mに達することもあります。かつては薬用植物の中で重要な位置を占め、ルネサンス期には「天使のハーブ」「聖霊の宿る根」などとも呼ばれ、学名の*Angelica archangelica*には「大天使のような」という形容が含まれています。サソリに刺された時、蛇や狂犬に噛まれた時などに効果があり、エキスは長寿を保証する妙薬なのだとか。また、その香りが魔女を追い払うと信じられていたため、子どもの首にかける風習もありました。

スイス人の錬金術師、占星術師、医師であるパラケルスス(1493/4-1541)によると、1510年、ミラノではセイヨウトウキの粉末をワインに混ぜて飲み、疫病を防いだのだそうです。ただし、実際に効果を発揮したのかどうか定かではありません。

この植物は、無駄にするところがいっさいなく、葉は香料としてスープやサラダに入れます。根には薬効があり、茎は砂糖煮にしてお菓子の材料に。とりわけ、フランスのニオールやポワチエ周辺の沼地で栽培され、ジャムやリキュール作りに使われています。ニオール近辺の修道尼たちが製菓の材料として開発し、18世紀には盛んに取り引きされました。今なおアンゼリカは、他の果物の砂糖煮と並んで、伝統的なケーキによく使われています。

Voici Celui qu'adorent les anges. En approchant de Lui avec respect, avec humilité, Il fera en nous des prodiges d'amour.

Bse Angèle de Foligno.

MAISON BOUASSE-LEBEL — Dauverné & Cie 6165 PARIS

ソドムの天使

『創世記』で、アブラハムと甥のロトは、約束の地をめざして出発しますが、ロトは、ヨルダン川流域の低地にあるソドムに移り住みます。ソドムは悪徳の町で、住民は退廃しきっていたため、神はこの町を硫黄の火で滅ぼすことにしました。

しかし、ロトとその家族を助けてやろうと考えた神は、町の外へ逃げるよう警告させるため、ふたりの天使を遣わします。天使がとても美しい若者となり、ソドムの門を訪れると、ロトは相手が誰なのかたずねることもなく家に招き、自ら進んでもてなしました。しかし、悪意のある隣人たちが興奮して押しかけ、いかにも魅力的なふたりをなぶりものにしようとします。そこで天使は、乱暴者たちに目つぶしを食わせて反撃し、その間にロトの家族に出発の準備をさせ、さらには、くれぐれも後ろを振り返らず、すぐに逃げるよう警告します。娘の婿たちは逃げるのを拒んだので、ロトは妻とふたりの娘だけを連れて家を出ました。途中、妻は燃え盛るソドムの町を最後に一目見ようと振り返ったため、塩の柱になってしまいましたが、ロトは娘と一緒に山に逃れることができました。

HOC FACITE IN MEAM COMMEMORATIONEM

モルモン教の天使

モルモン教はジョゼフ・スミス・ジュニア(1805-1844)が創立しましたが、天使の出現がきっかけではじまります。1820年以降、まだ少年だったジョゼフ・スミス・ジュニアのもとに、天使が何度も現れていたのだとか。

最も重要なのは、1823年9月21日夜の訪問で、ジョゼフ・スミスが祈っている時のこと。まばゆい光が炸裂し、モローニ(またはネフィ)という名の天使が部屋に現れ、近くの丘に埋められている、黄金の板に刻まれた聖典を、掘り出して翻訳するようジョゼフに告げたのです。聖典以外にも、ウリムとトンミムという2つの貴石が埋められていて、ジョゼフはその石を使って聖典を訳すことにしました。この聖なる石については、聖書、特に『出エジプト記』でモーセが語っています。

ジョゼフ・スミスによると、それから4年にわたり、いつも同じ日に天使がやってきたそうです。1827年9月22日、ジョゼフはクモラの丘に行き、土に埋まった石の櫃《ひつ》を発見します。中に入っていたのは、エジプト文字が刻まれた黄金の板と2つの貴石。石はガラスにはめ込まれ、銀のつるがついていて、まるでめがねのような形をしていました。こうして、ジョゼフに聖典の翻訳という使命が託され、新宗教の聖書『モルモン経』が誕生します。

『モルモン経』によると、箱はモローニが421年にクモラの丘に隠したことになっています。そこには、キリストの時代にアメリカ大陸に住んでいた民の歴史が刻まれ、ニーファイ、レーマン、ヤレドの3大国家について記されています。いずれの国家も滅びますが、レーマンだけは存続し、この国の民がアメリカ原住民の祖先になりました。磔刑《たっけい》ののち、イエス・キリストはアメリカ大陸を訪れて、原住民を教え導いたのだと言われています。

モルモンの神学では、モローニは黙示録でヨハネが語っていた天使。「この天使は、地上に住む人々、あらゆる国民、種族、言葉の違う民、民族に告げ知らせるために、永遠の福音を携え」空高く飛んできたのだそうです。

1830年4月6日、米国オハイオ州カートランド・ヒルズで、ジョゼフ・スミスは末日聖徒イエス・キリスト教会を創立し、その言葉を借りれば、原始キリスト教会を現代に回復させます。初代大管長になったジョゼフは、奴隷制度反対を掲げますが、迫害を受け、信徒とともに都市から都市へと南へ逃れました。1839年、イリノイ州ノブーに都市を建設したジョゼフは市長を務め、1844年1月には、アメリカ合衆国大統領に立候補することを発表します。しかし、1844年6月27日、ジョゼフは兄ハイラムとともに、ふたりを攻撃した新聞社の破壊を命じた罪で投獄され、その後、暴徒によって殺害されました。

兄弟の死後、モルモン教の初期の信徒たちは、モルモン開拓者として集団移住をはじめます。そして、ユタ州グレートソルト湖南東の砂漠に、宗教都市ソルトレークシティを建設。今日、モルモン教の信者は1100万人にのぼります。

「少女と詩の天使」

ソフィ・ダルブウヴィル（1810–1950）

少女と詩の天使、
天使は泣いている少女のそばに佇むと、
微笑んで、ほどけかけた花の首飾りを直してやる。
紺碧の翼から羽根を１枚抜き取って、
そっと差し出す。
少女は手を引っこめるけれど、あらがえない。
勝利の笑みが天使の顔に浮かぶ……
悲しみの奔流にまかせて、少女は羽根で想いを綴る。

O Saint Ange gardien, faites-moi toujours marcher dans le chemin où croissent les lys de la pureté, afin que le regard de Dieu se repose sur mon âme avec amour !

(S.+C.)

BOUASSE-JEUNE 4047 12, PLACE St SULPICE, PARIS

参考文献

天使に関する多くの文献がある中で、本書では以下を参考にしています。

- *Anges et démons*, Rosa Giorgi, trad. Dominique Férault, Hazan.
- Les ouvrages de Philippe Olivier aux éditions De Vecchi : *Les Anges et les Archanges ; Les Séraphins et les Chérubins*.
- *Le Réveil des anges, messagers des peurs et des consolations*, dir. Olivier Abel, Collection Mutations, éd. Autrement. Pour une vision moderne et panoramique du phénomène.
- *Encyclopédie des anges*, Émilie Bonvin, Éditions Exclusif.
- *La Légende des anges*, Michel Serres, Flammarion. Pour un point de vue plus philosophique.
- *Traité des anges*, Édouard Brasey, Le Pré aux clercs.
- *Les Anges et leur mission d'après les Pères de l'Église*, Jean Daniélou, éd. de Chevetogne.
- *A Book of Angels*, Sophy Burnham, Ballatine Books.

引用は以下のとおりです。

p. 36 Charles Baudelaire, « Réversibilité », *Les Fleurs du Mal*
p. 120 Victor Hugo, « Dans l'alcôve sombre », *Les Feuilles d'automne*
p. 160 Maurice Rollinat, « L'Ange gardien », *Les Névroses*
p. 172 Shophie d'Arbouville « La jeune fille et l'ange de la poésie »

日本語版では以下を参考にしています。

・『聖書　新共同訳』日本聖書協会
・『岩波キリスト教辞典』岩波書店
・『岩波イスラーム辞典』岩波書店
・『天使とは何か　キューピッド、キリスト、悪魔』岡田温司 著、中公新書
・『図説　天使百科事典』ローズマリ・エレン・グィリー 著、大出健 訳、原書房

本書に収録されているすべての画像は、下記を除いてAlbert Van den Bosch (www. collectomania. be) 所蔵のものです。

LE PETIT LIVRE DES ANGES

58 rue Jean Bleuzen – CS70007 – 92178 Vanves Cedex
www.editionsduchene.fr
Responsable éditoriale : Nathalie Bailleux
avec la collaboration de Christelle Fucili
Suivi éditorial : Marie Marin
Directrice artistique : Sabine Houplain
Lecture-correction : Capucine Jahan
Partenariats et ventes directes : Ebru Kececi
(ekececi@hachette-livre.fr)
Relations presse : Hélène Maurice (hmaurice@hachette-livre.fr)
Mise en page et Photogravure : CGI

This Japanese edition was produced and published in Japan in 2018
by Graphic-sha Publishing Co., Ltd.
1-14-17 Kudankita, Chiyodaku,
Tokyo 102-0073, Japan

Japanese edition creative staff
Translation: Kei Ibuki
Text layout and cover design: Rumi Sugimoto
Editor: Masayo Tsurudome
Publishing coordinator: Takako Motoki (Graphic-sha Publishing Co., Ltd.)

ISBN 978-4-7661-3109-3 C0076
Printed in China

著者プロフィール　**ニコル・マッソン**

大学教授を経て現在は文筆家として活躍。著書に『ポケット選集：思想(Petits recueils de pensées)』シリーズ、『ちいさな手のひら事典 子どもの遊び(Le Petit Livre des jeux d'enfants)』『ガストロノミー(Festins et ripailles)』など。

ねこ

きのこ

とり

バラ

魔女

ちいさな手《て》のひら事典《じてん》 **天使《てんし》**

2018年1月25日　初版第1刷発行
2021年2月25日　初版第4刷発行

著者　ニコル・マッソン(© Nicole Masson)
発行者　長瀬 聡
発行所　株式会社グラフィック社
102-0073 東京都千代田区九段北1-14-17
Phone：03-3263-4318　Fax：03-3263-5297
http://www.graphicsha.co.jp　振替：00130-6-114345

日本語版制作スタッフ
翻訳：いぶき けい　編集：鶴留聖代
組版・カバーデザイン：杉本瑠美　制作・進行：本木貴子（グラフィック社）

ISBN978-4-7661-3109-3 C0076　Printed in China